150_6

$$lo - \frac{M}{RS}$$

Diarios de
Reinas y Princesas

Diarios de Reinas y Princesas

Isabel

Princesa de Castilla

CAROLYN MEYER

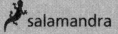
salamandra

Título original: *The Royal Diaries. Isabel Jewel of Castilla*

Traducción: Carme Camps Monfá

Ilustración de la cubierta: Tim O'Brien

Publicaciones y Ediciones Salamandra, S.A.
Mallorca, 237 - 08008 Barcelona - Tel. 93 215 11 99

ISBN: 84-7888-674-5
Depósito legal: B-35.889-2001

1ª edición, septiembre de 2001
Printed in Spain

Impresión: Domingraf, S.L. Impressors
Pol. Ind. Can Magarola, Pasaje Autopista, Nave 12
08100 Mollet del Vallés

Segovia, 19 de febrero de 1466
Miércoles de Ceniza

Me he pasado horas arrodillada en el suelo de piedra, desde medianoche, y sólo he tomado agua y un poco de pan. El sol aún no ha asomado sobre las murallas del castillo, pero me duele la espalda y siento el estómago vacío como un tambor. La capilla real es tan fría que tengo los labios amoratados. Temo que mis plegarias estén demasiado heladas para volar hasta los oídos de Dios.

Ha empezado la Cuaresma: cuarenta días de oración y ayuno. Hoy, antes del amanecer, mi confesor, el padre Tomás de Torquemada, me ha impuesto una penitencia más. Después de Misa, me llamó y me entregó este librito. Las páginas de pergamino están en blanco. Tengo que examinar mi conciencia con regularidad. Cada vez que cometa un pecado mortal, he de anotarlo aquí y meditar sobre ello.

—Anotar el pecado es ser consciente de él, y serlo es evitarlo —me dijo, ceñudo.

—¿Durante cuánto tiempo debo hacerlo, padre? —le pregunté.

—Hasta que vuestra alma no esté en peligro de arder en el Infierno —contestó, con voz de ultratumba.

Al padre Torquemada le gusta asustar a la gente. Es delgado como la hoja de un cuchillo, tiene el rostro enjuto como una calavera y los ojos le arden como ascuas: me da miedo.

Lo llamaré *Mi libro de los pecados mortales*.

He aquí el primero: la IRA.

La causa es mi cuñada, la reina Juana. Es una criatura vanidosa y boba que prefiere bailar y coquetear con los que la cortejan, o jugar a cartas con sus damas de honor, a prestar atención a su hija. Hace un año que mi hermano mayor, Enrique, rey de Castilla, me confinó en Segovia para que viviera en este alcázar con la reina y la princesa de Asturias, su hija, que también se llama Juana. Entretanto, Enrique se ha quedado en la corte, en Toledo, y así no es testigo de la conducta impropia de su esposa.

Seguramente todo el mundo se da cuenta de que el comportamiento de la reina Juana es escandaloso. Al menos así lo advirtió mi hermano menor, Alfonso. Los provocativos vestidos que llevan las damas de honor de la reina le indignaban tanto que una vez les ordenó que no se acercaran a mí. Desde luego, todo el mundo se rió de él, que entonces no era más que un chiquillo de nueve años. Eso ocurrió hace cuatro, y ni la reina ni sus damas visten ahora con más modestia.

¿También le habrá dado el padre Torquemada a la reina un libro en el que anotar sus pecados? Si lo ha hecho, ella lo llenará mucho antes que yo.

Dicen que el ORGULLO es el peor de los siete pecados capitales. Soy culpable, y sé muy bien cuál es la razón.

Enrique ha venido a visitarnos. La reina Juana lo ha recibido con un vestido de seda escotado con el que luce el pecho, empolvado de blanco y muy realzado. Se da colorete en las mejillas y se pone pendientes incluso en esta época solemne. El rey, como de costumbre, vestía su tosco jubón, polainas y botas enlodadas. ¡Y necesitaba un baño o, al menos, un poco de perfume! Mi doncella, Ana, me ha ayudado a ponerme un vestido de lana y a recogerme el pelo con una redecilla. No llevo ninguna joya.

El rey Enrique es en realidad mi hermanastro. Ya era un adulto cuando su madre murió y nuestro padre, Juan, rey de Castilla, se casó con mi madre, la princesa Isabel de Portugal. Yo nací tres años más tarde, y mi hermano Alfonso vino al mundo dos años después. A la muerte de nuestro padre, Enrique fue proclamado rey. Nuestra madre, a la que desde entonces llaman «la reina viuda», nos llevó, a mí y a Alfonso, que todavía era un niño de pecho, a vivir en paz en un feo castillo que hay en la ciudad de Arévalo.

Pero el rey Enrique no permitió que nos quedáramos con ella. Primero nos ordenó vivir con él en la corte, en Toledo, que no nos gusta porque allí reina el pecado. Más tarde nos envió aquí, a Segovia, a un día de viaje desde Toledo por las montañas.

Unas semanas después de nuestra llegada, Enrique encerró a Alfonso en una torre del alcázar y no lo soltó hasta que se enteró de que la reina Juana había intentado envenenarlo con unas hierbas. Ella quería deshacerse de mi hermano porque, a la muerte de Enrique, quería ver a su hija Juana en el trono, aunque en nuestra familia todavía no ha reinado ninguna mujer.

Estoy segura de que Enrique lamenta haber liberado a Alfonso. Hace dos años, algunos de los grandes, los nobles más poderosos del reino, disgustados con el rey, lo acusaron de debilidad e indecisión. Pero ellos mismos se comportan como reyezuelos, siempre peleando entre sí por celos y envidias. Todos los nobles y los señores poseen una hueste. Incluso algunos prelados tienen la suya. Para poner fin a las discordias, algunos de estos grandes y prelados establecieron un trono en rebeldía y sentaron en él a mi hermano menor, proclamándolo rey, desposeyendo simbólicamente de la corona a Enrique. Ahora Castilla tiene dos reyes, el reino está dividido y los súbditos no saben a qué rey obedecer.

Mi hermanastro me ha ordenado que permanezca aquí. Dice que es por mi seguridad, aunque es él quien tiene muchos enemigos. Y si bien el alcázar está ricamente ornado con plata y oro, se me antoja una cárcel. Además, esta noche el rey quiere que cene con él, y no tengo ganas de hacerlo.

Segovia, 26 de febrero de 1466

Esto es lo que ocurrió anoche. Tras una comida de Cuaresma que consistió en un poco de pescado hervido, la reina Juana se marchó. Sospecho que la esperaban unos amigos para jugar a cartas. Yo me quedé sentada a la mesa con mi hermanastro.

—Bueno, hermana —dijo Enrique, frotándose los párpados enrojecidos—, pronto cumplirás quince años.

Se despatarró en la silla y soltó un sonoro eructo.

—El veintidós de abril —dije, y bajé la mirada con modestia, como debe hacer una dama.

—Voy a hacerte un regalo de Trujillo —me anunció.

Se refería a que recibiré las rentas e impuestos de la ciudad de Trujillo: la suma de noventa piezas de oro al año.

Le di las gracias efusivamente y le besé la mano, procurando no fijarme en sus sucias uñas, y le aseguré que era el mejor y el más generoso hermano. Eso no es cierto, pero mentir no es uno de los pecados capitales y, por lo tanto, no tengo por qué consignarlo aquí.

—Ya estás en edad de casarte —continuó diciendo Enrique.

Sacó un mondadientes de oro y empezó a limpiarse la dentadura; demasiado tarde, creo, pues el aliento le apesta.

—Sí, mi señor —respondí, dulce como la miel, aunque temía lo que se avecinaba.

11

—Es hora, pues, de encontrarte marido. Te agradará saber que el rey Alfonso de Portugal te encuentra muy bella. Le gustaría que fueras su esposa, si das tu consentimiento.

Eso era exactamente lo que me temía. Enrique ha hablado a menudo de prometerme al rey Alfonso, el repulsivo hermano de la reina Juana. El rey de Portugal es rico y poderoso, y por eso Enrique quiere que me case con él. ¡El hecho de que me doble con creces la edad y que sea feo como el pecado le trae sin cuidado!

«¿Y qué pasa si no doy mi consentimiento?», tenía ganas de gritarle.

Pero me arrodillé ante mi hermanastro el rey y, con la cabeza baja para que no viera mis lágrimas, le respondí:

—Haré lo que mi señor desee.

Es hora de explicar por qué soy culpable del pecado de ORGULLO: sólo soy una infanta de Castilla, no estoy en la línea sucesoria al trono; éste corresponderá al primer hijo varón de Enrique, si alguna vez tiene alguno; de lo contrario, recaerá en la princesa Juana. A menos que mi hermano se imponga al rey, claro; en ese caso el trono lo heredarían sus descendientes. Nunca yo. Además, creo que valgo demasiado para casarme con el rey de Portugal, a quien, por cierto, yo llamo «el Escorpión».

Segovia, 27 de febrero de 1466

Hoy, después de Misa, me he encerrado en mis aposentos con la esperanza de que Enrique no enviara a buscarme otra vez. Me he dedicado a leer la Biblia y no he salido hasta que lo he visto alejarse a caballo con su séquito. Qué pobre aspecto tenía con su tosco ropaje; ni siquiera un cuello de hilo engolado para mostrar que no es ningún plebeyo. ¡Seguramente esto es un ejemplo de PEREZA, el séptimo y último de los pecados capitales! Me extraña que la reina Juana lo tolere, sin lavarse y con lo mal que huele. Y él a ella, con sus afeites. Me aterra que el hombre con quien quiere casarme sea el hermano de la reina.

Desde que Enrique se ha marchado, me he pasado horas enteras de rodillas, rogando a Dios que perdone mis pecados y pidiéndole ayuda. ¡Oh, Señor, líbrame del matrimonio con el Escorpión!

Segovia, 1 de marzo de 1466

Mi querida Clara, mi aya, hace lo que puede para animarme. Es portuguesa, como mi pobre madre, a quien nadie puede animar. A la muerte de mi padre, hace ya doce años, mi madre se recluyó en un lugar oscuro y silencioso. Incluso conmigo se muestra ausente, y me mira con ojos vacíos y delirantes.

—Vuestra madre me ha comentado a menudo que espera que os caséis algún día con un portugués —me dijo Clara—. Todo ese oro de África ha hecho muy rico al rey Alfonso. Sería un buen matrimonio para vos, doña Isabel. Y ya habláis bien el idioma.

—Pero, Clara —protesté—, ¿nunca habéis visto a ese hombre? ¡Es viejo y feo! Hace dos años, Enrique y la reina me llevaron a visitarlo. Mi hermanastro quería prometerme a él entonces. Pero en el testamento de nuestro padre se dice explícitamente que Enrique no me puede obligar a casarme con nadie a menos que los grandes lo consientan. Ahora temo que no tendrá en cuenta los deseos de nuestro padre y que hará lo que le plazca.

A esto, Clara no pudo replicar nada, pero me recordó que, cuando me enfado, mi rostro se afea. Si Enrique me obliga a casarme con el Escorpión, sin duda me pondré más fea que nunca.

Segovia, 4 de marzo de 1466

Mis damas de honor y yo hemos estado bordando todo el día. Le estoy cosiendo una camisa a mi hermano. Disfrutaría más si ellas no parlotearan como lo hacen, en especial Blanca, que tiene voz de urraca. María no se cansa de hablar de los vestidos nuevos que va a tener; Jimena siempre tiene un dulce en la boca; Mencía no es muy brillante, y Elvira se cree más inteligente que las demás. Todas mis damas son hijas o hermanas de grandes del reino de la corte.

La única compañía de la que realmente disfruto es la de mi amiga Catalina Valera, hija del tesorero real. Dibuja de maravilla con pluma y tinta. También es hábil con la aguja y está haciendo un estandarte: un Cordero de Dios en seda blanca que lleva sobre la cabeza una corona bordada en oro. Sus puntadas son perfectas.

Catalina es la más gentil de las damas de honor. Tiene las facciones finas y grandes ojos pardos, con las cejas tan espesas y negras como piel de la marta cibelina. Tiene talento y belleza, pero también mala suerte: nació con una pierna más corta que la otra y un pie deforme, lo que la hace cojear. Me pregunto si es un castigo de Dios, porque es descendiente de conversos, unos judíos que se convirtieron al cristianismo hace generaciones. Pero corre el rumor de que los Valera siguen siendo judíos de corazón y practican los ritos hebreos en secreto.

Raras veces estamos solas, pero hoy, cuando las otras se han ido juntas a alguna parte, dejándonos en paz durante un rato, le he confiado a mi amiga mis temores de que me prometan en matrimonio al Escorpión.

Catalina ha asentido, en un gesto de comprensión.

—No sé qué deciros, doña Isabel —ha dicho—. Yo ya he decidido meterme en un convento y dedicar mi vida a Dios.

—Pero ¿por qué?

—Por mi pierna —ha respondido, con ojos llorosos—. Mi padre no ha logrado encontrarme marido, ni siquiera con la promesa de una buena dote. Y tengo varias hermanas a las que hay que desposar.

He enlazado mis manos con las suyas y le he dicho que lo lamentaba. Pero, en secreto, a veces desearía cambiarme por ella. Casarme con Dios me parece mil veces mejor que hacerlo con el Escorpión.

Y he aquí, a pesar de mis buenas intenciones, otro pecado capital: la ENVIDIA.

Segovia, 7 de marzo de 1466

La princesita Juana corretea de un lado a otro, perseguida por su aya, sin que su madre le haga el menor caso. A veces se queda conmigo. Soy su madrina, y hace cuatro años estuve presente en su nacimiento, así que es mi deber. No es desagradable. Intento enseñarle a bordar: pespunteado, cadeneta y otros puntos, pero enseguida pierde la paciencia, y yo también.

Le gusta mucho visitar la sala de alabastro, donde están las estatuas de los reyes de Castilla. Hay treinta y cuatro, talladas en madera y pintadas de oro y plata; los reyes están sentados en tronos, con el cetro en la mano. Sus esposas están de pie junto a ellos, un poco retiradas, hecho que no ha pasado inadvertido a la princesa.

—¿Por qué no hay ninguna reina en los tronos? —me preguntó una vez.

Tuve que explicarle que, según la tradición, en Castilla tienen preferencia al trono los hijos varones de los reyes, normalmente los primogénitos, porque se cree que las mujeres no tienen capacidad de gobierno. Y que, hasta el momento, todos los reyes han tenido descendencia masculina.

La última figura tallada de la hilera es la de Enrique, que tiene mucho mejor aspecto en efigie que al natural. El escultor lo hizo más delgado, pero la nariz rota y la barbilla prominente le dan el mismo semblante fiero que tiene en persona. He oído decir que le llaman «el León», y creo que es apropiado.

Además de los reyes, está el Cid, el legendario caballero que luchó valientemente por mi antepasado el rey Alfonso VI, hace cuatro siglos. La del Cid es mi estatua favorita. Mientras la princesa se sube al regazo de madera de Enrique, yo suelo contemplar al héroe conquistador.

Segovia, 8 de marzo de 1466

Enrique teme que, si me deja marchar, alguno de sus enemigos, y tiene muchos, pueda volverme contra él. Y por eso vigilan todos mis pasos y me han prohibido salir de las murallas de Segovia. Estoy segura de que mis damas, no todas, cuentan chismes sobre mí a sus padres y hermanos, y que éstos se los transmiten a Enrique. De quien más sospecho es de Elvira, por la elevada opinión que tiene de sí misma, pero igual podría ser la aburrida Mencía. Sólo confío plenamente en Catalina.

¿Y mi doncella, Ana? Esa torpe muchacha siempre parece irrumpir en mi aposento cuando me pongo a escribir en este libro. Por suerte no sabe leer. ¿Qué pensaría de esto si supiera?

Ana, corpulenta y de rostro sonrosado, lleva consigo el aire fresco del campo. Verla me hace añorar los mejores años de mi infancia, pues ella misma apenas es más que una niña. En aquella época yo gozaba de libertad para montar a caballo siempre que lo deseaba, para pasear por el bosque con Alfonso y para meterme en los frescos arroyos. Todo eso terminó cuando Enrique insistió en llevarnos a Toledo; «para recibir una educación», dijo. ¿Y a quién puso a cargo de mi educación? ¡A la reina Juana! Buena tutora de desenfreno y obscenidad está hecha.

Segovia, 11 de marzo de 1466

Aunque estoy aquí confinada en contra de mi voluntad, al menos se me permite recibir algunas visitas. Mi querida amiga Beatriz de Bobadilla vino ayer desde Arévalo. Sus visitas son escasas y, por ello, tanto más preciadas.

Beatriz tiene veintitrés años y está prometida a Andrés de Cabrera, mayordomo de Enrique. Nos parecemos tanto que nos podrían tomar por hermanas. Ella es alta como yo, de cintura estrecha y piel clara. Su pelo, como el mío, es rubio cobrizo, y sus ojos, como los míos, son de un tono entre verde y azul. Lo que más admiro de Beatriz es su inteligencia y su valor. Desafía las costumbres, y siempre monta un caballo en lugar de una mula, como se espera que hagan las damiselas una vez que han dejado atrás la infancia.

A poco de llegar, Beatriz me susurró:

—Tengo que hablar con vos en privado.

Pero, para no llamar la atención de mis damas, nos obligamos a sentarnos entre ellas con nuestra labor en el regazo, moviendo la lengua más deprisa que la aguja, charlando de su inminente boda.

Al final, Beatriz y yo nos pusimos las capas y salimos a pasear por el patio de armas. Nos hallábamos bajo la estrecha vigilancia de los centinelas de las almenas y de las torres que se ciernen sobre las gruesas murallas, pero estaba segura de que no podían oír lo que decíamos.

—Estoy preocupada por el rey Alfonso —susurró—. Han llegado rumores de Ávila de que está perdiendo apoyo.

—¿No se puede hacer nada? —le pregunté, pero conocía la respuesta: no puedo ayudarlo de ninguna manera.

Aunque sólo tiene trece años, mi hermano, el rey Alfonso, se toma muy en serio su papel, como ha de ser. Y mi hermanastro, el rey Enrique, está decidido a conservar la corona y el reino. Yo procuro no dar muestras de favorecer a uno o a otro. Mis simpatías están con mi hermano, pero, por mi seguridad, no debo enojar a Enrique. Es una situación terrible, pues siento que cada uno de ellos tira de mí hacia lados opuestos.

Corre el rumor de que Enrique dejará el trono a Alfonso a condición de que se case con la princesa

Juana. Me parece una solución razonable, ya que mi hermanastro no tiene ningún hijo varón. Ahora bien, ¿aceptará la reina Juana que su hija sea reina consorte? Ella está convencida de que la niña será la primera mujer que gobernará Castilla.

¡Esto sin duda es pecar de AVARICIA!

¿Por qué la ESTUPIDEZ no es uno de los pecados capitales?

Segovia, 14 de marzo de 1466

Sólo hace unas horas que Beatriz montó en su caballo y se alejó con su escolta. Antes de despedirse, me preguntó:

—¿Y el Escorpión? ¿Enrique ya os ha prometido a él?

No había querido hablar de ello hasta entonces.

—Todavía no, pero sé que es posible que pronto me vea obligada a rendirme. —De repente, prorrumpí en llanto—. ¡Cuánto os envidio! —dije entre sollozos—. ¡Estáis prometida a un hombre al que no despreciáis!

¡Otra vez la ENVIDIA!

Desde que se ha marchado, me siento abatida y trastornada.

Segovia, 15 de marzo de 1466

Si escribir en este libro tiene que curarme de mis pecados, es un fracaso. Sé que no debo acusar a otra persona de pecadora, como hice el otro día cuando escribí acerca de la reina Juana. Aunque sea cierto. Me confesaré con el padre Torquemada y aceptaré la penitencia que me imponga.

Es bien sabido que su vida es una penitencia constante. Lleva cilicio, duerme sobre una tabla de madera, nunca come carne, ayuna durante días seguidos... Lo hace por el bien de su alma. Yo detesto que tenga que imponerme alguna penitencia, aunque sea por el bien de mi alma.

Segovia, 18 de marzo de 1466

Mi penitencia consiste en ayunar hasta Pascua, comiendo sólo lo necesario para vivir, pero no lo suficiente para saciarme. Nuestras comidas de Cuaresma ya son muy escasas: pescado hervido o huevos sólo una vez al día, y pan y fruta para cenar. Pero voy a tener que renunciar incluso a eso y, durante dos semanas, sólo podré comer verduras. En especial berenjenas, que aborrezco. Y col, peor aún. Nada de alcachofas, sólo porque me gustan. Ni naranjas, por la misma razón. Puede que no logre vencer mi pecado de orgullo, pero sin duda sentiré las punzadas del hambre cuando me retire a mi cama después de una cena consistente en pan y cebolla.

Dos semanas así.

Ana, esa querida niña, me ha dicho que ha decidido compartir mi «sufrimiento», como ella lo llama. Así que pan y cebolla también para ella.

Segovia, 21 de marzo de 1466

Pobre Ana. Las cebollas no le sientan bien y va de un lado a otro haciendo muecas de dolor. Le he traído un poco de pescado de la mesa; al principio lo ha rechazado, pero luego lo ha devorado con avidez.

Segovia, 23 de marzo de 1466

Finalmente, la reina Juana vino anoche a hablarme muy en serio de mi compromiso con su hermano, el rey de Portugal. Cuando terminaba mis plegarias, apareció en mis aposentos sin tener en cuenta mi pudor. Como de costumbre, la reina llevaba un vestido ajustado que le apretaba y realzaba el busto, mientras que yo me vi obligada a seguir toda la conversación en camisón.

—Doña Isabel —empezó diciendo—, confío en que no os opondréis al deseo del rey Enrique de casaros con mi hermano.

Decidí que era mejor guardar silencio y no respondí. Ella se puso a pasear por mi aposento, cogiendo varios objetos y dejándolos de nuevo en su sitio, y deteniéndose a admirar un crucifijo de oro, regalo de mi madre. Tuve que reprimirme para no arrancárselo de las manos.

—Estamos haciendo los preparativos para vuestra boda en julio, o quizá en agosto —dijo—. ¿No os gustaría una bonita boda estival, doña Isabel?

—¡No me gustaría nada! —exclamé—. Tampoco una boda otoñal, ni una invernal, ni una primaveral. Nunca, desde que lo conocí, me ha gustado la idea de casarme con el rey de Portugal.

Ella pareció sorprenderse.

—Pero ¿por qué? —preguntó.

—Es mucho más viejo que yo, y creo que tenemos bien poco en común. —¡No mencioné la fealdad del Escorpión!

Ella frunció el entrecejo y apretó los labios.

—El rey Enrique es mucho mayor que yo —me recordó—. Y vuestro padre era mucho mayor que vuestra madre. Creo que es lo mejor. —Y, al decir esto, sonrió con osadía y me guiñó un ojo—. ¡Esperad y veréis! Con un esposo viejo que se queda dormido en cuanto cena, estaréis libre para divertiros. Hay muchos jóvenes apuestos en la corte, todos impacientes por complaceros, por ir a buscaros una copa de vino, por colocaros un cojín bajo los pies, por llevar vuestro anillo cuando participan en un torneo. Así que, ya veréis, mi querida Isabel, todo irá bien si os casáis con mi hermano. Llevaréis una vida alegre en la corte de Lisboa.

Luego, esa escandalosa mujer me dejó sola con mis pensamientos. Si alguna vez ha existido una persona culpable de LUJURIA, sin duda es la reina Juana.

Segovia, 26 de marzo de 1466

Clara es un aya leal, pero una cotilla desvergonzada. Ayer oí que hablaba de «la Beltraneja» con algunas de las damas del castillo. Se referían, claro está, a la princesa Juana. Yo me hice la sorda.

Corre el rumor de que el rey Enrique no es el padre de la princesa Juana. Se dice entre murmullos que su verdadero padre es el mejor amigo y consejero del rey, Beltrán de la Cueva. Por eso algunos han empezado a llamarla «la Beltraneja», la hija de Beltrán. Pero este rumor me parece excesivo, aunque útil a los intereses de Alfonso y los nobles que lo apoyan, claro.

Hoy no he podido evitar observar cuidadosamente a la princesa Juana cuando estaba sentada a mi lado, profundamente concentrada en el retal en el que está bordando un pajarito en punto de cruz. Debo decir que a quien más se parece es a su madre, en especial por la manera descarada con que alza los ojos mientras inclina la cabeza en un gesto coqueto. Pero también me ha parecido detectar en su semblante el aire del apuesto Cueva. Pensar en ello me pone enferma.

Se me ocurre que si esta niña no fuera realmente hija de Enrique, si no hubiera nacido de un matrimonio legítimo, no podría heredar el trono. Es así de sencillo. De ser ilegítima, la princesa Juana jamás reinaría en Castilla, por mucho que intrigara y conspirara su madre. La corona debería pasar entonces a mi hermano Alfonso, convertido en el legítimo heredero del trono.

Aun así, será mejor que Clara vigile su lengua.

Segovia, 4 de abril de 1466
Viernes Santo

Yo, que no estoy libre de pecado, no arrojaré la primera piedra.

Yo, que no estoy libre de pecado, no arrojaré la primera piedra.

Yo, que no estoy libre de pecado, no arrojaré la primera piedra.

Podría llenar un libro entero con este sentimiento.

Antes del amanecer, Catalina y mis otras damas me han acompañado al convento para asistir a Misa. Conmovida por el canto de las monjas en su capilla, he reconocido que soy culpable de más pecados aún, graves si no mortales. He prestado oído a feos rumores sobre la reina y su inocente hija. Y he acusado a otros sin examinar mi conciencia.

Por lo tanto, no esperaré a que el padre Torquemada oiga mi confesión y me imponga otra penitencia. Yo misma me he infligido un castigo: en el gran banquete de Pascua, sólo comeré lentejas.

Segovia, 5 de abril de 1466

Se están efectuando los preparativos para el banquete de mañana, bajo las chillonas indicaciones de la reina Juana.

Los criados han esparcido paja limpia por el suelo de piedra del gran salón de banquetes y la han espolvoreado con hierbas aromáticas y especias. Han puesto largas mesas de madera con manteles de hilo blanco inmaculado, y las mejores copas y platos de plata del castillo. Han encendido los hogares y han ensartado carne de venado y jabalí en los espetones. Los mozos de cocina empezarán a darles vueltas al amanecer para que la carne se ase sobre las brasas.

Se espera que el rey Enrique acuda con su séquito. Habrá otros muchos invitados, incluido mi protector, el arzobispo de Toledo, Alfonso Carrillo.

El prelado, una figura corpulenta de rostro marcado y voz profunda y retumbante, me recuerda a un gran toro; en secreto le llamamos «el Toro». Aunque tiene un aspecto terrible, yo siento un gran cariño por él. Carrillo fue un buen consejero para Alfonso y para mí cuando éramos niños, en la corte de Enrique. Nos enseñó a jugar al ajedrez. Yo jugaba mejor que Alfonso, que siempre se echaba a llorar cuando yo le ganaba.

Ojalá mi hermano estuviera presente pero, por supuesto, no estará. Aunque lo invitaran, tendría miedo de que la reina Juana le pusiera veneno en la copa.

¡Aleluya, Cristo ha resucitado! ¡En verdad ha resucitado!

Como esperaba, el banquete fue magnífico.

Primero entró la reina Juana, que llevaba un vestido de satén de seda escarlata, de larga cola, y una capa forrada de marta cibelina. Llevaba el pelo recogido con una redecilla ribeteada con lirios de seda blancos bordados en plata. Los brazaletes tintineaban en su brazo, y en las orejas lucía unos pendientes de oro. Para mostrar su piedad, llevaba un rosario de perlas y cuentas de oro.

La princesita iba vestida casi tan ricamente, de terciopelo rojo ribeteado de encaje y láminas de plata. ¿Y mi hermanastro, el rey Enrique? No se ha molestado en bañarse o afeitarse, ni siquiera en peinar su hirsuto pelo antes de ir directamente a sentarse a la mesa, vistiendo aún su capa negra sucia de polvo. Al parecer, acababa de llegar de pasear por El Bazaín, su parque de animales salvajes. Tiene una colección de osos, ocelotes, leopardos y otras criaturas, incluida una cabra montesa a la que quiere como si fuera su mascota. El mismo rey Enrique parece un león, pero uno viejo y lanudo, no el rey de las bestias. ¿He mencionado el sombrero negro y de ala ancha que nunca se quita? A lo mejor, incluso duerme con él.

El arzobispo Carrillo, resplandeciente en su vestimenta de terciopelo púrpura y enjoyado, iba acompañado por su intrigante sobrino, Juan Pacheco, el marqués de Villena, un hombrecillo delgado de voz temblorosa y actitud taimada. Yo le llamo «el Zorro». Desconfío de él.

El banquete dio inicio con un desfile de trinchadores que cortaban la jugosa carne de los espetones, y de camareros que la servían a los invitados. El momento culminante fue la presentación de un pavo real asado, sobre una fuente de oro, al que le volvieron a colocar la cola, desplegada en abanico. En el cuello llevaba un collar de brocado de oro con el escudo de armas del rey.

Y, en medio de toda esta abundancia, yo iba vestida con un feo vestido amarillo y comía mi plato de lentejas.

El arzobispo Carrillo se percató de mi comida de penitencia.

—¿Lentejas, doña Isabel? —exclamó, al observar mi pobre ración—. ¿En el gran banquete de Pascua?

«¿Será menos penitencia si hablo de ello? —me pregunté—. Pero el arzobispo es sacerdote —me dije—, un hombre de Dios, aunque dudo que lleve cilicio o duerma sobre una tabla.»

De modo que le expliqué mi propósito.

—Soy una pecadora, excelencia —dije—. Ésta es mi penitencia.

—Pero todos somos pecadores —respondió el arzobispo, animado—. Y el día de la resurrección de Nuestro Señor Jesucristo incluso los pecadores deben celebrarlo.

Aparté el plato de lentejas, cuyo contenido había estado removiendo sin apetito, y acepté un plato de carne de venado y arroz con azafrán, así como un postre de granada y pastel de almendras, manjares que me gustaron mucho.

Mañana volveré a pensar en mis pecados, que ahora incluyen la GULA, y la mejor manera de compensarlos.

Segovia, 7 de abril de 1466

Ahora que la Cuaresma ha finalizado, puedo volver a tañer mi cítara. Como en los últimos cuarenta días he tenido prohibido tocarla, mis dedos están torpes y las cuerdas, desafinadas. Pero pronto volveré a arrancar de ella una dulce melodía. Es de madera de palisandro con incrustaciones de marfil y oro, y perteneció a mi madre. Me la regaló la última vez que estuvimos juntas. Recuerdo lo bien que ella tocaba para mi hermano y para mí.

Segovia, 8 de abril de 1466

Han transcurrido dos semanas desde mi conversación con la reina Juana sobre mi «bonita boda estival». Aguardo en un estado de gran ansiedad la noticia de mi compromiso. ¿Los grandes han dado su consentimiento, o aún es posible que pueda escapar a este infortunio?

Sé que a menudo la novia no ve al novio antes del día de la boda. Mi madre no vio a mi padre hasta que se casó con él; la ceremonia del compromiso se llevó a cabo con embajadores que representaban a ambas partes. Mi madre era un poco mayor que yo cuando se despidió de sus padres y partió de Portugal con sus reales servidores hacia Castilla, para casarse con mi padre. Y, como me recordó tan osadamente la reina Juana, él era mucho mayor que ella.

Sin embargo, con el tiempo llegó a amarlo, y desde que murió no ha dejado de llorarlo. No creo, ni por un instante, que mi madre disfrutara de la idea que la reina Juana tiene de una «vida alegre» como esposa de un rey anciano.

—Es deber de la mujer casarse con el hombre que han elegido para ella —me recuerda Clara—. Otros deciden vuestro destino, doña Isabel. Si tenéis suerte, vuestro esposo será bueno y aprenderéis a sentir afecto por él.

—Pero ¿y el amor, Clara? —le pregunto, pues he leído cosas al respecto.

—El respeto es más importante —es lo único que ella me responde. Entonces aprieta los labios y entorna los ojos para ver mejor su labor de punto.

Segovia, 9 de abril de 1466

Ojalá, como mi madre, nunca hubiera visto al hombre que han elegido para que sea mi marido. En ese caso aún podría soñar con ser feliz. Pero lo he visto;

fue hace dos años, cuando viajé a Portugal con Enrique y la reina Juana. Desde el primer momento, me pareció del todo insoportable: la nariz aguileña, una buena papada, los ojos pálidos demasiado juntos. El Escorpión parece tan impúdico y codicioso como su hermana. No surgirá el amor entre nosotros, estoy segura. Ni el respeto.

Con todo, su país me gustó mucho cuando lo visitamos. Quizá porque mi madre es portuguesa y el idioma me resulta familiar. También porque está junto al Océano.

Un atardecer, me quedé en la orilla y contemplé la puesta de sol. La inmensidad del mar superaba lo que yo había imaginado. Las espumosas olas rompían en la orilla y el color del agua parecía cambiar del azul al verde y al gris. Cuando el sol se puso, el mar desapareció.

Más tarde, cuando hablé de mi amor por el mar, el Escorpión me obsequió un barquito de madera con velas de tela. Es una reproducción del buque en el que su tío, don Enrique el Navegante, exploró la costa de África y trajo oro y esclavos a su vuelta.

—Dicen que hay tierras más allá del Océano, adonde no han llegado los barcos; tierras habitadas por gentes de las que no conocemos siquiera el aspecto —dijo el Escorpión.

Me gusta imaginarlo así. Guardo el regalo como un tesoro, por mucho que me desagrade la persona que me lo dio.

Segovia, 10 de abril de 1466

Un día ominosamente tranquilo. Faltan menos de dos semanas para mi cumpleaños. Seguro que entonces conoceré mi destino.

Entretanto, estoy rodeada de damas de honor que agitan sus abanicos y parlotean como pájaros. Están muy ocupadas tratando de adivinar su futuro, que para ellas significa un esposo, hijos y un castillo propio.

María tiene un libro de adivinación con un hilo colgando en cada página. Cada una tira de un hilo por turnos, abre aquella página y lee la fortuna allí descrita. Ahora Mencía está malhumorada porque no le gusta la suerte que le ha tocado; Jimena dice que es mejor hacer borrones de tinta con una pluma e interpretar su significado, y Elvira se burla de todo ello. Por una vez estoy de acuerdo con ella. No obstante, he participado y me ha salido que tendré cinco hijos. No decía nada de quién será el padre.

Segovia, 11 de abril de 1466

A veces Catalina se escabulle conmigo a la biblioteca de palacio para pasar un rato tranquilo con los libros que el padre Torquemada nos permite leer. Hoy hemos examinado un mapa que muestra no sólo las ciudades del reino de Castilla, sino también las de los reinos y principados que lo rodean.

Catalina tiene una manera inusual de ver las cosas.

—Nuestra península es como un puño en el brazo de Europa —dice—, en dirección al Océano, hacia el Oeste. Y la mayor parte del puño, su mayor fuerza, es el reino de Castilla y León.

Al Nordeste se encuentran los territorios de la corona de Aragón, que limita al Norte con Francia y cuya larga línea costera da al Mediterráneo, al Este.

Al Sur se encuentra el reino nazarí de Granada, en poder de los moros, los infieles musulmanes procedentes de las costas septentrionales de África. Se lo arrebataron a los cristianos, junto con casi toda la península, hace más de setecientos cincuenta años. Es deber del rey Enrique expulsar a los moros y recuperar esa tierra.

Y al Oeste está Portugal. He recorrido con el dedo el contorno del reino que, a menos que Dios intervenga, se convertirá en mi hogar cuando sea la esposa del Escorpión.

Le he rogado a Catalina que venga conmigo, si he de ir a Portugal, pero niega con la cabeza e insiste en que a ella le espera el convento.

Segovia, 12 de abril de 1466

Esta mañana, después de Misa, he subido hasta una ventana de uno de los torreones del castillo por la estrecha escalera de caracol. A menudo subo allí a ver lo que hay fuera de mi prisión. Segovia está rodeada por cuatro gruesas murallas, cada una de las cuales tiene una pesada puerta de madera. El acueducto construido por los romanos hace más de mil años se extiende en el horizonte.

Muy abajo, a los pies del castillo, el río Eresma discurre por una estrecha garganta. Sobre la orilla opuesta, los rebaños de ovejas parecen fluir como un río. Las ovejas balan, sus cencerros suenan; lo sé, aunque no pueda oírlo. En los campos que hay tras las murallas, crecen pequeños brotes verdes de trigo. Cuánto me gustaría estar allí y no aquí.

Cuando he bajado, me ha parecido oír música procedente de mi aposento, y allí he encontrado a Ana tocando mi cítara. Me ha sorprendido, claro, y me he enfurecido. ¡Una criada tocando mi cítara! Ha prorrumpido en llanto y se ha hincado de rodillas, suplicando mi perdón, el cual le he dado. He hecho salir a la muchacha y he tocado una melodía melancólica pensando en mi madre.

Segovia, 13 de abril de 1466

Han aparecido en mis aposentos las costureras reales, enviadas por la reina Juana. Han de confeccionarme varios vestidos nuevos, enaguas y chaquetas y capas, todo ello para aportarlo como ajuar a mi matrimonio. Las costureras están muy nerviosas porque quieren tenerlo todo a tiempo. No dicen a tiempo para qué, pero no es difícil imaginarlo.

La reina insiste en que mi nueva ropa me realce el busto a fin de que mis senos parezcan más grandes, y en que me apriete tanto la cintura que apenas pueda respirar para que parezca más estrecha. Por mi parte, sólo pido que el cuello me llegue hasta la barbilla. A decir verdad, preferiría presentarme ante el Escorpión metida en un saco de arpillera.

Segovia, 14 de abril de 1466

No puedo creer la manera en que Dios ha decidido castigarme. Sé que soy mala. Me confieso culpable de la mayoría de los pecados mortales, pero estoy segura de no merecer lo que está a punto de sucederme.

La primera señal de peligro fue la llegada inesperada de Beltrán de la Cueva. Al principio, la presencia del consejero favorito de mi hermanastro sólo me extrañó. Pensé que quizá venía a visitar a la reina Juana. Eso habría sido motivo de habladurías, no sólo entre mis damas de honor, sino entre casi todos los demás en el alcázar.

Pero pronto me enteré de que Cueva había venido nada menos que a verme a mí. Lo recibí en el mayor de mis aposentos, con Clara y Catalina presentes. Sospecho que también Ana merodeaba por allí. Él, como siempre, llevaba un traje de terciopelo y pieles, y lucía anillos en todos los dedos. Se quitó el sombrero con plumas y me entregó una carta del rey Enrique. «Seguro que tiene que ver con el Escorpión», pensé.

Rompí el sello de cera y la abrí, observando al hacerlo que Cueva cambiaba el peso de su cuerpo de un pie al otro, calzados con elegantes botas, y se acariciaba el sedoso y perfumado bigote. Me preparé para saber qué fecha se había fijado para mi boda.

La carta era breve. El rey Enrique nunca se molesta en hacer cumplidos sino que va directo al grano. Su carta empezaba así:

«No te casarás con el rey Alfonso de Portugal.»

¡No me iba a casar con el rey Alfonso! ¡Qué maravillosa noticia!

Pero entonces mis ojos leyeron la línea siguiente:

«Mi deseo es que te cases con Pedro Girón.»

—¡Pedro Girón! —exclamé, sintiendo que me abandonaban las fuerzas—. ¡No puede ser! —añadí. Y me desmayé.

Clara y Catalina corrieron en mi ayuda. Cuando volví a abrir los ojos, Clara había recogido la carta que se me había caído de la mano y la estaba leyendo. Cueva, tranquilizado al ver que no me había muerto, se puso el sombrero y salió. Clara se echó a llorar.

—Vuestro hermano nos ordena que partamos hacia Toledo enseguida —dijo entre sollozos—. La boda tendrá lugar dentro de una semana.

—Pero ¿por qué? —exclamé—. ¿Por qué Girón?

Clara se encogió de hombros sin saber qué responder.

—Porque es la voluntad del rey —dijo.

—Primero tiene que hablar con los grandes y recibir su aprobación —dije, agarrándome a la más leve esperanza—. Iré a suplicarles personalmente. Estoy segura de que me apoyarán.

—¡Demasiado tarde, demasiado tarde! —exclamó Clara, con lágrimas en los ojos—. Los grandes ya han dado su consentimiento. Lo dice aquí, en la carta.

Cogí la carta y la leí de cabo a rabo. Girón, gran maestre de la orden de Calatrava, es hermano de Juan Pacheco; ¡el Zorro propuso la unión! Incluso mi leal amigo el arzobispo Carrillo está de acuerdo.

Estoy atrapada. No hay salida.

Segovia, 15 de abril de 1466

He enviado un mensaje a Beatriz, para rogarle que venga enseguida en mi ayuda. Ella es sensata y tiene experiencia; sabrá qué hacer.

Mientras espero su llegada, rezo; paso horas de rodillas en la capilla, con Catalina a mi lado, rogando a Dios que tenga misericordia. ¿Oye Dios nuestras plegarias?

Ahora lamento no haber accedido a casarme con el Escorpión. Debería haberle dicho a la reina Juana que me complacía estar comprometida con su hermano. El Escorpión tiene treinta y tres años y es feo, pero comparado con Pedro Girón sería un esposo casi apuesto. Girón es mucho más viejo que el Escorpión: ¡tiene cuarenta y tres años! Es aún más feo, más tosco y peor hablado, y corrupto. ¿No le importo nada a mi hermanastro, que me impone este hombre horrible?

He hecho una promesa a santa Engracia, a quien acudo en momentos de gran dificultad. Le he prometido peregrinar a su santuario de Zaragoza, en Aragón, si me ayuda a salvarme de esta horrible unión.

Engracia fue martirizada por los romanos en el siglo IV. Catalina dice que era una princesa lusitana que cruzaba el territorio de lo que ahora es el reino de Aragón camino de las Galias, el actual reino de Francia, donde iba a contraer matrimonio. En Zaragoza, entonces llamada Caesar Augusta, denunció la adoración de ídolos que había visto en aquella ciudad. Por eso los romanos la mataron, atravesándole la cabeza con un clavo largo.

El cráneo de Engracia con el agujero hecho por el clavo es una preciada reliquia que se conserva en el convento benedictino de Zaragoza. Iré de rodillas a su santuario, si ella me ayuda. Catalina me ha dicho que me acompañará.

Segovia, 16 de abril de 1466

La reina Juana está muy enojada. Está aún más furiosa con Enrique que yo. Todos sus planes para mi «bonita boda estival» con su hermano han quedado en nada. No obstante, esta mañana vino a ofrecerme uno de sus vestidos para mi boda con Girón. No hay tiempo para terminar los que las costureras han estado cosiendo tan diligentemente.

—Este brocado azul os resaltará los ojos y la piel clara —dijo, mientras una de sus doncellas lo sostenía en alto.

—¡Preferiría una mortaja! —le repliqué.

Me recordó, otra vez, que soy una ingrata.

Segovia, 17 de abril de 1466

Ha venido Beatriz. Me ha explicado por qué me veo obligada a este horrible matrimonio. Dice que es para traer la paz al reino.

El campo se está dividiendo por las peleas entre los grandes. Algunos apoyan al rey Enrique, y otros apoyan a mi hermano Alfonso. Como consecuencia de ello, el reino está revuelto. Aumentan los crímenes y el peligro acecha por todas partes. Nadie está a salvo. El campesino no puede trabajar la tierra y el comerciante tiene miedo de vender sus mercancías en las ferias.

—Hay que obligar a los grandes a dejar de pelear —dijo Beatriz—. Enrique necesita hombres y dinero. Pedro Girón le ha prometido tres mil lanceros a caballo y sesenta mil piezas de oro para ayudarlo. Todo ello a cambio de casarse con vos.

—Y mi hermanastro ha accedido —dije con voz quejumbrosa.

Beatriz asintió. Me arrojé a sus brazos, sollozando.

—¿Qué voy a hacer?

—No temáis; tengo un plan —susurró Beatriz—. Mirad.

Se abrió la manga de la túnica y me mostró una daga de plata que llevaba oculta en un bolsillo del forro.

—Dios no consentirá esta maldad —susurró—, ¡y yo tampoco!

—Pero ¿qué pensáis hacer? —pregunté, con un estremecimiento.

—Cuando Girón se os acerque, le hundiré esta daga...

—¡No, Beatriz! —exclamé, antes de que pudiera terminar la frase.

Yo estaba perpleja. ¿Cómo podría hacerlo? No le permitiría quitar la vida a nadie, ni arriesgar la suya y su alma inmortal para salvar la mía. La abracé.

—No será necesario que lo hagáis —le dije—. He hecho una promesa a santa Engracia. Ella nos ayudará.

He escrito a Enrique y le he prometido que en el futuro seré la más obediente de las hermanas si no me hace esto.

Toledo, 18 de abril de 1466

A última hora de esta tarde hemos llegado al alcázar de Toledo. Me acompañan la fiel Clara; la apasionada Beatriz, que sigue decidida a utilizar su daga para defenderme; la piadosa Catalina, que ruega sin cesar a santa Engracia, y mis otras damas. Blanca parlotea excitada y María está emocionada por tener la oportunidad de llevar uno de sus vestidos nuevos. Ana también ha venido. Nunca había estado en la corte, y abre los ojos como platos, maravillada. Yo estoy muy triste.

Espero tener ocasión de hablar con mi hermanastro, de suplicarle, pero hasta ahora no ha respondido a mi carta y se niega a recibirme.

Tras la puesta de sol, ha llegado un mensajero al galope desde Talavera, donde Girón y su hueste pasan la noche. Llegarán aquí mañana.

Me queda menos de un día.

—Por favor, doña Isabel, no os preocupéis —no para de decirme Beatriz, y sus ojos brillan llenos de determinación.

Pero pienso en la daga que guarda en la manga, y en el peligro, y estoy más preocupada que nunca. Catalina conserva la calma y tiene fe en santa Engracia. Clara se retuerce las manos y me anima a comer, pero he jurado no probar bocado hasta que me libren de este terrible destino.

Toledo, 19 de abril de 1466

Ni una palabra de Enrique, pero tampoco la he recibido de Girón. Me rugen las tripas y no paro de rezar.

Toledo, 20 de abril de 1466

Ha transcurrido un día y sigo sin tener noticias de Girón. Me siento débil y mareada por la falta de alimento. Desde mi aposento, que da al patio de armas, oigo el estruendo de los carros de reparto y las alegres voces de los cocineros, que preparan mi banquete de bodas. Me entran ganas de gritarles que están preparando una comida para una novia que no vivirá para comerla.

Pero ¿dónde está Girón?

Clara permanece a mi lado y me consuela como puede. Catalina no deja de rezar. Y Beatriz no para quieta. Hace una hora fue a buscar noticias sobre el paradero de Girón. Ha regresado con otro mensajero, un joven asustado que nos ha contado una extraña historia:

Ayer, cuando Girón y sus caballeros salieron de Talavera, observaron una bandada de cigüeñas que volaba en círculos. Había tantas que el cielo se oscureció.

Las cigüeñas parecían volar hacia el Este, en la misma dirección que Girón y sus hombres. Pero cuando un soldado le hizo esta observación a uno de los capitanes, el oficial le ordenó que callara.

Todo el mundo creyó que las cigüeñas eran un mal presagio, un mal augurio. Los hombres fueron presa del terror. Muchos querían dar media vuelta. Girón estaba decidido a proseguir viaje, pero envió a aquel joven mensajero para informar al rey Enrique del extraño suceso.

—Es un anuncio de mi sino —dije, con lágrimas en los ojos, una vez que Beatriz agradeció al mensajero sus noticias y lo despidió.

—No, doña Isabel —replicó—, del vuestro no.

Toledo, 21 de abril de 1466

¡Girón ha muerto!

Al principio estaba demasiado sorprendida para decir una sola palabra, pero los ojos de Beatriz relucían cuando otro mensajero ha traído la noticia. Horas después de que las cigüeñas llenaran el cielo dando su siniestro aviso, Pedro Girón cayó enfermo de anginas, con un fuerte dolor de garganta. Esta mañana ha muerto. Ahora ya no sufre, ¡y yo tampoco!

Nos estamos preparando para regresar a Segovia. Supongo que allí me espera otro mensaje del León, el de mi compromiso con el Escorpión. La reina Juana volverá a hacer planes para una «bonita boda estival». Sus costureras reanudarán su trabajo con mis vestidos. Blanca podrá graznar todo lo que quiera; Jimena, hartarse, y Elvira, alardear, pero de momento, aunque sólo de momento, ¡estoy salvada!

Toledo, 22 de abril de 1466

Hoy cumplo quince años; esta mañana he asistido a una Misa especial y he recibido la bendición del sacerdote. No habrá celebración, y tampoco se había planeado ninguna. El rey Enrique no ha estado presente. No lo he visto. Aún estoy conmovida por la muerte de Pedro Girón. Me pregunto qué me reserva el futuro, pero no tengo intención de buscar respuestas en el libro de adivinación de María.

Corren numerosos rumores. Tal vez la muerte de Girón no fue debida a una enfermedad mortal enviada por Dios, sino a un veneno. Pero, entonces, ¿quién lo envenenó? Un hombre de su posición tiene muchos enemigos. Si el rumor es cierto, seguramente la mano de Dios guió la mano de quien puso el veneno.

Segovia, 23 de abril de 1466

Lo único bueno de mi viaje a Toledo fue que por fin pude salir de Segovia, aunque sólo por unos días. ¡La primera vez en más de un año!

El día en que partimos hacia la corte hacía buen tiempo, pero entonces mi corazón estaba agitado y no lo disfruté. Hoy que podía haber disfrutado el viaje de regreso a Segovia, hacía un tiempo horrible. Con todo, una vez pasadas las montañas, cuando nos encontrábamos en terreno llano, me he quitado la capucha de la capa. Quería sentir el viento y la lluvia en la cara. Clara lo desaprueba, lo sé, pero no ha dicho nada. Cuando hemos llegado al alcázar, estaba empapada.

Segovia, 24 de abril de 1466

He confesado al padre Torquemada mi impropia alegría por la muerte repentina de Pedro Girón. El sacerdote me ha sermoneado sobre el pecado de

ORGULLO, ¡otra vez!, y me ha preguntado si utilizo este libro para meditar sobre mis pecados. Le he contestado que sí, y es cierto. No le he dicho que mis meditaciones abarcan otros muchos temas aparte del pecado.

La penitencia que me ha impuesto es muy suave: sólo oraciones. Sospecho que Torquemada se ha quedado tan aliviado como yo por la forma en que ha terminado mi casi compromiso.

Segovia, 25 de abril de 1466

Nuestra vida ha vuelto a la normalidad: me levanto al amanecer y rezo mis plegarias matinales, asisto a Misa en la capilla y luego me reúno con mis damas para bordar y chismorrear. Me retiro a mi cámara a leer la Biblia y practicar con mi cítara, salgo para comer y paseo por el recinto del castillo, si hace buen tiempo, aunque hoy no es el caso.

Si la princesa Juana insiste, paso algún tiempo con ella —su pericia con la aguja mejora—, y después escribo en este libro. Luego ceno con mis damas, rezo mis oraciones vespertinas y me retiro para pasar la noche. Y así cada día, a menos que alguna visita rompa esta rutina, como la de mi querida Beatriz.

Beatriz, ¡y su daga!, han partido hoy hacia Arévalo, con mis más afectuosos saludos para mi madre. ¡Cuánto desearía poder dárselos personalmente! Hace más de un año que no veo a la reina viuda, y pienso en ella constantemente.

Una vez que Beatriz se ha ido, Clara me ha confiado un secreto:

—Hace muchos años, justo después de la muerte de vuestro padre, la reina viuda recibió una desagradable visita: Pedro Girón. Su pena aún era reciente, su duelo no había hecho más que empezar, pero él fue a verla para proponerle matrimonio. Me contó su conversación entre sollozos.

—Como es natural, lo rechazó —he dicho.

—Por supuesto. Pero su propuesta fue un insulto para ella. Yo creo —ha proseguido Clara— que el actual estado de infelicidad de vuestra madre empezó con el insulto de Girón.

Llevo mucho tiempo preguntándome por las circunstancias que provocaron la locura de mi madre. La amo profundamente, con todas las fuerzas del corazón de una hija. Sin embargo, sé que algo no va bien.

Incluso cuando era niña, y mi hermano Alfonso aún era demasiado pequeño para darse cuenta, nuestra madre se pasaba horas sentada mirando al vacío. No me oía cuando le hablaba, no veía a mi hermano cuando le tendía los brazos. A veces, se pasaba días sin decir una sola palabra. Y, cuando por fin hablaba, era para decir a gritos que Arévalo era un lugar encantado, que el río que fluía en las proximidades susurraba su nombre noche y día. ¿Había sido Girón la causa de este estado?

—Girón es una bestia —he declarado. Luego me he corregido—: era una bestia. Ahora ya no insultará a ninguna otra mujer.

Segovia, 26 de abril de 1466

Me duele la cabeza, tengo el rostro enrojecido y caliente; me parece que me acostaré.

Segovia, 27 de abril de 1466

Escalofríos y fiebre. Clara llamó al médico real. Me ha diagnosticado fiebre intermitente. No tengo fuerzas para escribir.

Segovia, 6 de mayo de 1466

Hoy es la primera vez en más de una semana que me encuentro lo bastante bien para escribir. Apenas recuerdo nada de los días pasados excepto que el cuerpo me temblaba con escalofríos y que ardía de fiebre, la cual me provocaba extrañas visiones. Volví a oír a Ana tocar mi cítara, y cuando le grité que parara, dijo que mi madre deseaba que ella me curara con la música. Más tarde, cuando se lo conté a Clara, me dijo que todo había sido un sueño.

El doctor Abravanel venía a mi aposento cada día para sangrarme; me hacía un corte en una vena del brazo y dejaba fluir la sangre para eliminar impurezas.

Ahora que estoy mejor, me ha prescrito una mezcla de cebolla blanca con vinagre y orégano, y una infusión de borraja y cerraja. Es tan amarga que casi no se puede tragar, pero Clara se asegura de que me la tome. Ella achaca mi enfermedad a mi paseo bajo la lluvia, pero tiene la amabilidad de no sermonearme sobre mi falta de sensatez.

Catalina permanece pacientemente sentada a la cabecera de mi cama, hora tras hora, dando puntadas a su estandarte. Casi ha terminado el Cordero y pronto empezará a trabajar en la corona de oro, que llevará perlas reales.

Hemos hecho planes para nuestro peregrinaje a Zaragoza, cuando recupere mis fuerzas y si Enrique decide dejarme salir de Segovia, si es que algún día lo permite. El viaje hasta Zaragoza, capital de Aragón, es muy largo, quizá dure siete u ocho días en una litera arrastrada por mulas. Tengo mucho interés en ver el cráneo de santa Engracia, con el agujero del clavo.

Segovia, 9 de mayo de 1466

El doctor Abravanel me ha declarado curada, aunque aún estoy muy débil.

Como la mayoría de los médicos, el doctor es judío. Al parecer, los judíos poseen un talento especial para el arte de la curación. ¿Tiene su religión algo que ver con ello? También me pregunto por qué la familia del médico no se convirtió generaciones atrás, como hizo la de Catalina.

—¿Por qué el doctor Abravanel insiste en seguir siendo judío, en vivir en una judería y en vestir con ropas de judío? —le pregunté a Catalina—. ¿Por qué no se convierten todos? Me sorprende que quede uno solo de ellos en toda Castilla, si es mucho más fácil ser cristiano.

Catalina suspiró.

—No lo sé. Para ellos debe de ser muy importante seguir siendo judíos. Mi familia es cristiana desde la conversión, hace un siglo —me dijo—. Después de la peste, mi bisabuelo comprendió que era mejor ser cristiano, y toda la familia Valera se convirtió. Y hasta el día de hoy hemos sido piadosos cristianos.

No mencioné a Catalina que muchos cristianos viejos aún desconfían de los conversos, como llamamos a los judíos convertidos al cristianismo. Algunas personas creen que aún practican en secreto sus ritos hebreos. Pero yo quería hacerle algunas preguntas a Catalina.

—Se dice que mataron a muchos judíos porque la gente creía que robaban a los niños cristianos para utilizarlos en sus rituales. Y los hay que afirman que los judíos envenenaban los pozos y podían invocar al Diablo. ¿Tú lo crees?

—No —respondió Catalina—. No lo creo.

—También se dice que están ávidos de dinero, y es cierto que los judíos recaudan los impuestos y son prestamistas. ¿Por qué?

Catalina tenía la cabeza inclinada sobre alguna parte de las pezuñas del Cordero en el que estaba trabajando y no me miró al responderme:

—Los judíos son prestamistas porque los cristianos tienen prohibido prestar dinero.

Y aquí terminó nuestra conversación.

Más tarde

Sigo pensando en la cuestión de los judíos.

Sé que se ha acusado a los judíos de propagar la peste, lo cual cuesta de creer, ya que con la peste murieron tanto judíos como cristianos. Como represalia, se mató a muchos judíos. Al resto se les retiró el tratamiento con títulos de respeto, como «don» o «doña». También se introdujeron otras normas: no se permite a los judíos vestir prendas costosas, de hecho han de vestir de un modo diferente a como lo hacen los cristianos, y viven en aljamas o juderías, separados de nosotros. ¿No es mejor convertirse? ¿No es más fácil?

La primavera pasada, el padre Torquemada predicó un sermón en el que afirmaba que no había que confiar en que ningún converso fuera un cristiano sincero.

—Su sangre queda manchada para siempre —atronó Torquemada.

Aquel domingo, Catalina estaba sentada cerca de mí, con su familia. Recuerdo que me pregunté cómo se sentían al oír resonar en la capilla real esas duras palabras: «manchada para siempre».

Desde entonces, he oído susurrar comentarios sobre la familia Valera. Siempre he creído que tales rumores crueles son consecuencia de los celos de la posición que ocupa el padre de Catalina. Pero ahora, a veces, me pregunto: ¿Catalina es uno de esos conversos que aún encienden velas el viernes por la noche, al inicio del Sabbat? ¿Que recitan sus plegarias en hebreo? ¿Es posible que mi querida Catalina, que reza con tanto fervor a santa Engracia, sea judía en secreto?

Segovia, 16 de mayo de 1466

Anoche, cuando todos se habían acostado, cogí una vela encendida y subí la escalera de caracol del torreón. Desde un ventanuco que hay casi arriba del todo, contemplé la gran bóveda celeste y observé la lenta danza circular de la luna, los planetas y las estrellas.

Hace tan sólo dos días, le confesé al padre Torquemada ser culpable del pecado de ENVIDIA: envidio a mi hermano menor, cuya educación es mucho más interesante y completa que la mía, que cesó a los doce años. A Alfonso se le instruye como caballero, mientras que a mí sólo me enseñaron a leer, a escribir, a contar, ¡y más de una docena de puntos de bordado!

Pero no me interesa ser caballero, sino el estudio de las estrellas y los planetas. He oído decir que los grandes navegantes se fijan en las estrellas para guiar sus naves. Me imagino que estoy en el Océano, lejos de cualquier costa, y que, no obstante, soy capaz de calcular la posición de mi nave estudiando el firmamento.

—Me gustaría poseer esos conocimientos —admití ante el padre Torquemada.

Enseguida se puso a sermonearme con seriedad.

—Doña Isabel —empezó, con esa voz que parece salir de un lugar profundo y oscuro—, tenéis que comprender esto: la mujer es inferior, porque así es como Dios la creó. La debilidad de Eva fue lo que le hizo tentar a Adán con el fruto del Árbol del Bien y del Mal en el Jardín del Edén. Como consecuencia del pecado de Eva, ella y Adán fueron expulsados del Paraíso. Su debilidad es la de todas las mujeres.

¡Debilidad!

«Es evidente —pensé— que no conoce a Beatriz de Bobadilla, que lleva una daga escondida en un bolsillo del forro de su capa.»

—Pero, padre —dije—, ¿qué tiene que ver el pecado de Eva con el estudio de las estrellas?

El sacerdote entornó los ojos y me miró:

—El pecado de Eva demuestra que es deber del hombre proteger a las mujeres de la tentación. Permitir a las mujeres estudiar astronomía y matemáticas, y otros temas semejantes que vos encontráis tentadores —aquí sonrió, una sonrisa fina y fría como la hoja de una espada—, sólo serviría para debilitar su frágil naturaleza. Las llevaría de su natural pureza al más oscuro pecado.

Entonces me dio un libro que considera adecuado para mí: *Jardín de nobles doncellas*, escrito por un fraile de la orden de san Agustín. He leído los primeros capítulos y estoy de acuerdo en que no hay ninguna posibilidad de que este libro me descarríe. Me he quedado dormida dos veces sobre sus páginas.

Segovia, 18 de mayo de 1466

El fraile agustino tiene mucho que decir sobre la castidad, la modestia, el sentimiento de vergüenza y una lengua cauta. Para reforzar todo esto, llena páginas contando cómo Eva fue creada de una costilla de Adán. ¡Incluso afirma saber exactamente de qué costilla!

Segovia, 21 de mayo de 1466

Hace buen tiempo y mis damas de honor y yo nos hemos divertido dando un paseo hasta la plaza Mayor. A pesar de que se trata de un corto trecho, a Catalina le cuesta, pues le duele la pierna después de dar unos pocos pasos. Aun así, insiste en acompañarme.

Aunque me permiten salir del castillo sin escolta, Enrique se las arregla, con sus espías, para vigilarme en todo momento, como un león dormido. No me atrevo a despertar al León, por si empieza a rugir de nuevo sobre un compromiso con el Escorpión. De momento, el peregrinaje a Zaragoza parece imposible.

Hemos conseguido llegar hasta el convento de san Francisco, donde las monjas nos han saludado afectuosamente y nos han dado pasteles, lo cual ha complacido mucho a Jimena, que se ha comido tres de cada clase; luego hemos seguido nuestro camino.

Segovia, 24 de mayo de 1466

No se me ocurre nada que escribir. Mi vida es aburrida y monótona mientras espero a que el León despierte y decida mi futuro.

Segovia, 25 de mayo de 1466

Para distraerme, Catalina se ofreció a enseñarme a dibujar. No soy muy buena alumna, como pronto descubrimos. En nuestra primera clase, me hizo dibujar una naranja en un plato. Cuando se lo entregué, un círculo torcido sobre una línea más o menos recta, negó con la cabeza. Quiero dibujar ovejas, mulas y campesinos en los campos, pero ella me dice, con mucho respeto, que me falta mucho para poder hacerlo.

Segovia, 29 de mayo de 1466

Otra nueva empresa: he decidido dar clases de cítara a Ana. Clara lo desaprueba, porque Ana no pertenece a una familia noble y es una criada, ilusionada pero torpe, hay que decirlo. Sin embargo, soy incapaz de olvidar el sueño inducido por la fiebre en el que se me apareció Ana, tocando el instrumento y asegurándome que mi madre lo deseaba.

Su gratitud es conmovedora. Sin embargo, lo más sorprendente es su talento. Sospecho que tiene más que yo.

Segovia, 30 de mayo de 1466

Otra sorpresa: Ana posee una voz de ruiseñor. Debo ir con cuidado para no caer, ¡una vez más!, en el pecado de la envidia.

Segovia, 5 de junio de 1466
Corpus Christi

Fue idea de la reina Juana celebrar esta fiesta religiosa.

—Vamos, doña Isabel, sois joven —exclamó—. ¡Disfrutad mientras podáis!

Y me dije:

«Tiene razón. Sin duda, pronto estaré casada con su hermano.»

Me fui a cambiar y me puse mi vestido favorito, de terciopelo de color burdeos, con una capa azul oscuro. Pero, claro está, no tenía ni punto de comparación con la elegancia de la reina. Ella llevaba un ajustado corsé de barbas de ballena, con las mangas de brocado verde abombadas, grandes como melones, y calzaba zuecos con las suelas pintadas, tan gruesas que parecía haber crecido media cabeza. Una jovencita le llevaba la cola. Yo iba detrás con mi pequeño séquito, incluida Catalina.

Como es natural, Enrique no se unió a nosotras.

—Está con sus animales, como de costumbre —nos informó la reina Juana.

Nos encaminamos hacia una de las magníficas casas que hay en la plaza Mayor y que pertenece a unos amigos de la reina. Desde el balcón, teníamos una vista espléndida de la procesión que pasaba por debajo.

Primero iban los sacerdotes, con relucientes túnicas de seda bordada, seguidos por los monjes, con sus feos hábitos de tosca tela. Detrás de ellos iban los grandes de Segovia a caballo, entre los que se encontraba el padre de Catalina. Los caballos estaban engalanados casi tan ricamente como sus jinetes. Todos escoltaban un arca adornada con piedras preciosas que contenía la Hostia, el pan consagrado que es el Cuerpo de Cristo. Ésta era la parte solemne de la procesión.

Después, saltando y dando gritos, pasó una multitud de bufones vestidos con vistosos trajes multicolores y gorras con cascabeles. Los gigantes y los cabezudos, altas figuras hechas de pasta de papel, giraban y gesticulaban hacia nosotros. Aterrada, la princesita Juana se aferró, entre lloriqueos, a las faldas de su madre, hasta que la reina, impaciente, la apartó.

En ese momento, la tarasca, la serpiente monstruosa de madera, hizo su temible aparición. Con su vientre enorme y la larga cola cubierta de escamas, era llevada sobre ruedas. Sus manipuladores hicieron girar sus horribles ojos y abrieron sus grandes fauces, pintadas para mostrar tres lenguas y varias hileras de colmillos, lanzando horribles gemidos y aullidos. El monstruo provocó en la pobre princesita

Juana un ataque de angustiado llanto y se abrazó a mis piernas.

Yo me arrodillé y abracé a la asustada niña. Su madre estaba demasiado ocupada riendo y saludando a sus amigos para prestarle atención, y a su aya no se la veía por ninguna parte.

Más tarde

Tras la puesta de sol, una vez que se encendieron las antorchas, la reina Juana y sus amigos aparecieron con elaborados disfraces.

—¡Debéis acompañarnos, doña Isabel! —me gritó la reina Juana, pero yo sabía que esperaba que me negara. Y así lo hice.

Con su hijita dormida en mi regazo, contemplé desde el balcón a la reina bajar a la calle y subir a un carruaje, que esperaba con dos damas de honor. La plaza Mayor, que antes había estado abarrotada de figuras religiosas y carnavalescas, era ahora un hervidero de juerguistas. La noche estaba llena del sonido de guitarras, flautas y panderetas. Pronto empezaría el baile.

Jóvenes apuestos paseaban por la plaza Mayor, con ceñidos jubones sobre estructuras de barbas de ballena, para ensanchar su pecho, y medias acolchadas para dar forma a sus piernas. Complicadas gorgueras de hilo daban a su cabeza el aspecto de un queso en un plato. Igual que las damas, iban enmascarados.

Uno de esos hombres se atrevió a arrojar una cáscara de huevo llena de agua perfumada al carruaje de la reina. Oí las estridentes carcajadas de mi cuñada y la vi sacar la mano, cubierta con un guante de seda, para acariciarle la mejilla.

Me asomé para ver mejor al que había arrojado la cáscara de huevo. En ese preciso instante, el hombre levantó la mirada hacia el balcón donde yo me encontraba, sosteniendo a la princesita dormida. Nos miramos a los ojos: era Beltrán de la Cueva.

Segovia, 6 de junio de 1466

Hoy Catalina y yo trabajamos en nuestros dibujos durante casi una hora. Intenté dibujar la tarasca, pero el monstruo superaba mis habilidades. Luego me puse a esbozar una de las copas de cristal veneciano que la reina Juana tanto aprecia. Es de un tono azul precioso. En mi dibujo, la copa parece hecha de cera medio derretida. La de Catalina es elegante.

Mientras estábamos inclinadas sobre el papel, Catalina murmuró:

—¿Sabíais que Andrés de Cabrera es un cristiano nuevo?

—Por supuesto —dije, sin levantar los ojos de mi pluma.

Pero, a decir verdad, había olvidado que el hombre con el que se casará Beatriz desciende de conversos.

—¿Os importa?

—No, si es un cristiano sincero.

Catalina no dijo nada más, y yo tampoco. Pero las palabras que pronunció el padre Torquemada en su sermón resonaban en mi cabeza: «manchada para siempre».

Segovia, 7 de junio de 1466

He recibido la agradable visita de Beatriz, que ayer nos sorprendió con su llegada, procedente de Arévalo. Es la primera vez que la veo desde la muerte de Pedro Girón. Está rebosante de alegría y llena de planes para su boda, que será en septiembre.

Cuando me ha pedido noticias de lo acaecido desde la última vez que estuvimos juntas, en Toledo, le he hablado de mi enfermedad y le he descrito la celebración de *Corpus Christi*.

—¿Y el Escorpión? ¿Enrique no dice nada del compromiso? —me ha preguntado.

La simple mención de ese nombre siempre me hace sentir mal.

—Nada —he respondido—. Y no pregunto. Sólo rezo para que aparezca otro pretendiente antes de que sea demasiado tarde.

—Sí, mi querida Isabel —ha dicho—. Rezo cada día para que se os conceda un esposo bueno como mi Andrés.

«Pero que no sea un converso», he pensado.

Segovia, 8 de junio de 1466

Esta mañana le he enseñado a Beatriz el libro que el padre Torquemada me hace leer. Ha hecho una mueca.

—La biblioteca del alcázar está llena de libros mucho más interesantes —ha dicho sin vacilar—. Tenéis que leer lo que deseéis.

Es cierto que hay estantes llenos de libros, centenares de volúmenes, y a veces los miro, elijo uno y, rápidamente, lo devuelvo a su sitio.

—Pero ¿no será pecado leerlos? —le pregunté a Beatriz, algo sorprendida.

Mi amiga siempre me sorprende. Es una de las razones por las que me gusta tanto.

Me miró ceñuda y puso los brazos en jarras.

—Sólo si vos creéis que lo es —dijo—. ¿Aún escribís lo que vos llamáis pecados en aquel libro que Torquemada os dio?

Le confesé que sí.

Beatriz hizo chasquear la lengua.

—Debéis prometerme una cosa: que no anotaréis vuestros pecados, sino sólo vuestras alegrías. Vuestra vida es demasiado triste. Desearía que fuese mucho mejor, doña Isabel.

Me quedé completamente perpleja. No puedo imaginarme desafiando al padre Torquemada, que siempre me convence de que prácticamente siento el calor del Fuego Eterno.

Segovia, 10 de junio de 1466

Antes de marcharse para regresar a Arévalo, Beatriz me propuso algo que me hace mucha ilusión: ir a la feria anual de Medina del Campo el mes que viene.

—Podéis venir a Arévalo y visitar a vuestra madre. Después, iremos a caballo a la feria.

—Enrique no lo permitirá —me lamenté.

Me sentí realmente desdichada, porque solía ir cada año a la feria con Alfonso, y tengo ganas de volver.

—Entonces, hemos de encontrar la manera de persuadirlo. Quizá consienta en ello si viajáis en compañía de sus caballeros. Y de ese modo sería más seguro. Le escribiré. Dejádmelo a mí.

Así que me dejo llevar por mis sueños, pero no tengo muchas esperanzas. No he tenido noticias del León, ni una sola palabra, desde la muerte de Girón. Temo que cuando diga algo no será para darme permiso para ir a la feria, sino para anunciar el comienzo de mi desgraciada vida con el Escorpión.

Segovia, 23 de junio de 1466

¡Vamos a ir a la feria! El rey Enrique ha dado su consentimiento, y dentro de diez días partimos. No es exactamente tal como yo deseaba que fuera, pues en nuestro séquito también estarán la reina Juana, su hija, y toda su servidumbre y la mía, más cierto número de caballeros para protegernos.

Incluso Catalina está emocionada.

Segovia, 27 de junio de 1466

Enrique ha cambiado de opinión. No del todo, sólo a medias. No voy a visitar a mi madre. Ha decidido que, en lugar de ir a Medina del Campo por Arévalo, vayamos por Coca y pasemos la noche en el castillo que hay allí, que pertenece a su amigo Fonseca, el arzobispo de Sevilla. Enrique no me ha dado ninguna explicación. No serviría de nada pedirla.

Segovia, 29 de junio de 1466

El viaje ha sido cancelado. Tampoco he recibido explicación alguna. No soy la única que está trastornada, ¡la reina Juana está furiosa! Esa mujer tiene un genio desmedido. Cogió todo lo que estaba a su alcance y lo arrojó contra la pared. La plata está abollada; la porcelana francesa, destrozada, las copas de cristal veneciano hechas añicos. Fue todo un espectáculo.

Beatriz tiene razón: estoy tan triste que apenas sé qué hacer conmigo. Estoy cansada de mis lamentaciones y de no tener nada sobre lo que desee escribir. Si alguna vez se altera esta apagada monotonía, volveré a hacerlo.

Segovia, 22 de abril de 1467

Hoy cumplo dieciséis años. Durante diez meses no he anotado mis pensamientos, pues tenía pocos motivos para hacerlo. Pero Beatriz ha venido para pasar el día conmigo, me ha regalado un juego de peines de plata y me ha animado a empezar a escribir de nuevo.

—Deseo que escribáis cosas alegres y pocas penas —ha dicho.

No sería difícil, si se tratara de Beatriz. Mi querida amiga se casó el pasado mes de septiembre. Nunca he visto una novia más radiante, ni un recién casado más encantado con su esposa. Cuando se casó, Beatriz me prometió que su matrimonio no se interpondría en nuestra amistad, y hasta ahora ha cumplido su promesa. Desde entonces ha venido varias veces, cuando Andrés está fuera con el rey Enrique. Beatriz irradia felicidad y yo procuro vencer mis sentimientos de envidia. De lo contrario, tendré que volver a anotar mis pecados.

Estábamos hablando en el patio, cuando, una vez más, Beatriz sacó el tema de mi pretendiente; o, mejor dicho, la falta de éste.

—¿Hay alguna noticia de compromiso? —me preguntó, como hace en todas sus visitas.

—Ninguna —le contesté—. Enrique no dice nada, y yo tampoco. Al parecer se ha olvidado del asunto.

Me sonrió, enarcando sus delicadas cejas.

—Sospecho que vuestras plegarias pronto serán atendidas —dijo.

Dejé de andar y le cogí el brazo:

—¿Sospecháis? ¿Qué sospecháis? ¿A qué os referís, doña Beatriz?

—A nada, doña Isabel —me respondió, dándome unas palmaditas en la mano—. A nada.

—¡No os creo! —exclamé—. ¿Habéis oído algo? ¡Debéis decírmelo!

—No he oído nada —dijo con serenidad—. Pero vuestras plegarias fueron atendidas en el pasado, ¿no es así? Y debéis creer que volverán a serlo.

Todo es más interesante cuando Beatriz está aquí. Cada vez que se marcha, me paso días echándola de menos.

Segovia, 25 de abril de 1467

Ha transcurrido más de un año desde la muerte de Girón, pero Catalina y yo no hemos peregrinado al santuario de santa Engracia. Hace tiempo que ha terminado su estandarte del Cordero de Dios, y ha bordado otros dos. Yo he cosido más camisas de las que Alfonso puede estropear.

Pero nuestras clases de dibujo prosiguen: he descubierto que tengo algo de talento para captar los detalles de los edificios, en especial los elegantes arcos y el complicado entramado del diseño árabe. El dibujo es una distracción, como también lo son las clases de música a Ana. ¡Si pudiera enseñarle a mantener recortado el pabilo de las velas!

Segovia, 26 de mayo de 1467

He decidido que, cuando haga buen tiempo y tenga ocasión, iré a la ciudad con pergamino, mis plumas y tinta, y dibujaré alguna escena que me llame la atención.

Hoy he empezado un dibujo del acueducto. Los dos pisos de arcos —dicen que hay ciento sesenta y tres, pero no los he contado—, se extienden a todo lo que alcanza la vista. Representan un reto para mi vista y para mi pluma.

Catalina me advierte de que he emprendido una tarea enorme y que no debo decepcionarme si los resultados no son lo que esperaba.

Segovia, 2 de junio de 1467

Catalina tenía razón. La semana pasada salí cada día, salvo el domingo, para estudiar y dibujar el acueducto. Los resultados no sólo son decepcionantes, sino catastróficos.

Ella dice que desde el principio paso demasiado tiempo con los detalles. Para ilustrar esto, me cogió la pluma de la mano, dio la vuelta a un triste dibujo que yo, en un arranque de genio, había rechazado, y, con unas cuantas líneas elegantemente trazadas, consiguió captar la magnífica extensión de los antiguos arcos de piedra.

Después de ver lo que ella podía hacer no he tenido ganas de volver a intentarlo, y mis damas de honor y yo hemos recogido nuestras cosas y hemos regresado al castillo.

Segovia, 8 de junio de 1467

Clara ha recibido la noticia, a través de su esposo, Gonzalo Chacón, de que las fuerzas rebeldes que apoyan a mi hermano Alfonso están ganando terreno. En medio de ello se encuentra nuestro querido amigo el arzobispo Carrillo.

Parece que, un día, los grandes y los obispos favorecen al rey Alfonso, y al siguiente, o a la semana siguiente, juran lealtad al rey Enrique. Pero ahora, según Chacón, Carrillo está empeñado en ganarse a los grandes más poderosos, los que pueden reunir mayores huestes, para la causa de mi hermano. El arzobispo, que ha reunido una gran hueste él mismo, cree que Alfonso será mejor rey que Enrique.

Estoy de acuerdo, pero trato de mantenerme al margen, sin favorecer a ninguno de los dos. No sé cómo me afectará esto a mí.

Segovia, 10 de junio de 1467

Catalina me recuerda que fue idea de mi padre convertir este viejo alcázar, construido hace cuatrocientos años, en residencia real.

—El castillo es hermoso —dice—. Es un buen tema para vuestros dibujos, doña Isabel.

Tiene razón. Es hermoso. Sólo lo veo como prisión porque no puedo abandonarlo. Siguiendo su consejo, he decidido practicar y he dividido el alcázar en partes: el puente levadizo de madera, por ejemplo, y los torreones azul celeste, y la magnífica torre del homenaje. Cuando mis dibujos mejoren, quizá los pasaré a este libro. Entonces, cuando ya no esté aquí, no olvidaré el lugar donde he pasado los años de mi juventud. ¡Pero antes he de irme!

No he tenido más noticias de Alfonso y los rebeldes.

Segovia, 13 de junio de 1467

Una mala idea. Jamás tendré talento para hacer buenos dibujos de este lugar ni de ningún otro. Catalina me regaña por mi falta de paciencia. Yo le digo que debe ser ella la que dibuje, y que yo me contentaré con las palabras.

Hay que decirlo: Ana toca cada vez mejor.

Arévalo, 17 de junio de 1467

¡Soy libre!

Los acontecimientos de los últimos días son casi increíbles. No sólo he sido liberada de la tiranía del rey Enrique y de la reina Juana, sino que estoy de nuevo en casa, en Arévalo.

Sucedió de esta manera:

Anoche, después de retirarnos, Clara y yo nos despertamos al oír alboroto en el patio. No teníamos idea de lo que ocurría. Entonces nos llegaron gritos y pasos desde el otro lado de nuestra puerta. Clara y yo nos apresuramos a vestirnos y nos quedamos en un rincón, sin saber qué hacer. Oíamos llorar a las damas de honor, Blanca a pleno pulmón.

De pronto, la corpulenta figura del arzobispo Carrillo apareció en el umbral de la puerta. No iba vestido de sacerdote sino de caballero, con la armadura completa. Nos explicó que sus amigos le habían abierto las puertas de la ciudad y que él y sus soldados habían irrumpido en ella e ido directamente al alcázar.

—Doña Isabel —dijo el arzobispo, cuando me hube recuperado de la conmoción—, debéis elegir. Podéis quedaros aquí, bajo mi protección, o podéis marcharos. La reina Juana ya lo ha decidido: ella y su hija ya han huido al castillo de Enrique en Madrid.

No tuve que pensarlo.

—Excelencia —dije—, deseo regresar a Arévalo, junto a mi madre, lo antes posible.

Al alba, tras colocar todas mis posesiones en carros de madera, emprendíamos viaje. Me había asegurado de que me llevaba este libro y algunos de los malos dibujos que he hecho. Al anochecer, nuestro séquito, acompañado por dos caballeros, ha llegado a Arévalo. Beatriz ha salido a recibirme.

Me he arrojado a los brazos de mi madre, llorando, pero no he recibido respuesta. Me he apartado para mirarla. El cabello, que antes era rubio cobrizo y reluciente como el mío, le caía sobre los hombros, sin vida, y el vestido que llevaba estaba sucio. Tenía la mirada perdida.

—Ha pasado mucho tiempo —he dicho con suavidad—; más de dos años. Quizá no me reconoces. Soy tu hija, Isabel.

Pero daba la impresión de que no me veía. Le he cogido una mano entre las mías. Estaba helada, aunque el día era apacible.

Beatriz me ha tocado el hombro.

—Vamos, doña Isabel —ha dicho en un susurro, y me ha hecho salir del aposento de mi madre.

Así, lo que había empezado como uno de los días más felices de mi vida ha acabado siendo uno de los más tristes.

Arévalo, 23 de junio de 1467

Voy al aposento de mi madre al menos dos veces al día. Trato de hablar con ella, pero es como si fuera una estatua de madera. Cuando toco la cítara, las lágrimas le brotan de forma incontrolada, pero sigue sin hablar.

Clara me consuela, igual que Beatriz.

—¿Por qué no me habíais dicho esto? —protesté, y Beatriz me contestó:

—Porque no podíais hacer nada para remediarlo.

Mi hermano el rey Alfonso pronto vendrá a visitarnos. Tengo ganas de volver a verlo. Recuerdo que solíamos correr por el campo, nos metíamos en los arroyos para coger truchas y perseguíamos a los conejos. Nunca tuvimos mucha suerte. Cuando lanzábamos piedras a distantes tocones de árbol, él apuntaba con mayor seguridad. Pero yo siempre he sido mejor jinete que él. Me pregunto si se acuerda de estas cosas.

Arévalo, 25 de junio de 1467

Alfonso era un niño la última vez que lo vi. ¡Ahora es rey! Era un niño muy serio y no ha cambiado.

Ha llegado esta mañana, vestido con sedas y terciopelo, y montado en un excelente corcel blanco. Le acompañaba el sonido de las fanfarrias. Doscientos caballeros lo acompañaban, vistiendo sus colores, negro y rojo. ¡Qué escena más excitante!

Alfonso parece completamente distinto a nuestro hermanastro Enrique en todos los aspectos. Enrique prefiere montar al estilo árabe, en un caballo pequeño y rápido, con los estribos acortados para llevar las rodillas dobladas. Y viste mal, mientras que a Alfonso es evidente que le gusta la elegancia. Enrique no se interesa por el protocolo que acompaña al hecho de ser rey. A Alfonso no sólo le gusta, sino que lo exige.

Cuando corrí a saludarlo, hacía casi cuatro años que no lo veía, me hizo apartar, mediante uno de sus guardias, con la orden: «¡Obediencia al rey! ¡Obediencia al rey!»

Sorprendida, me paré en seco e hice una profunda reverencia. Sin apearse del caballo, el rey Alfonso me hizo señas para que me acercara a él y le besara la mano, lo cual hice.

—Me alegro de veros, doña Isabel —dijo con seriedad.

—Y yo a vos, mi señor —respondí, con la misma gravedad, aunque confieso que tenía ganas de reírme. Al fin y al cabo, no es más que un muchacho imberbe.

—Os habéis vuelto muy hermosa, Isabel —dijo, con el mismo tono formal, pero con voz de muchacho.

Hice otra reverencia.

—Sois muy amable, mi señor.

Tras este intercambio de saludos, fuimos en procesión hasta el convento de san Francisco, extramuros. Allí estaba Carrillo, que ya no iba vestido de caballero, con espada, sino como arzobispo, con una cruz adornada con piedras preciosas. Ataviado con una casulla de brocado de oro bordada de arriba abajo con rica seda y piedras preciosas, ofició una Misa de acción de gracias.

Yo no paraba de mirar de reojo a Alfonso, que estaba arrodillado a mi lado. Qué alto y apuesto se está volviendo mi hermano, aunque aún no ha cumplido catorce años. ¡Y está tan seguro de sí mismo! Parece decidido a ser un buen rey.

Arévalo, 26 de junio de 1467

Anoche, tras regresar al castillo, disfrutamos de un buen banquete, que los criados habían conseguido preparar para nosotros en poco tiempo. Mi pobre madre no participó, sino que se quedó encerrada en su aposento.

En el banquete, me senté al lado del rey Alfonso, que recibió regiamente los saludos de muchos de sus partidarios. Al otro lado tenía al arzobispo. Pregunté por el Zorro, el astuto sobrino del arzobispo. Lo último que había sabido de él era que estaba del lado de mi hermano.

—Pacheco está con Enrique —respondió Carrillo—. Ha cambiado de bando una vez más.

Don Andrés no está aquí con Beatriz; sino en Toledo, con Enrique. Me doy cuenta de que esto supone una gran tensión para ella, pues sus lealtades están divididas. ¡No es la única! De mis seis damas de honor, sólo Elvira no vino con nosotros desde Segovia. Su padre es leal a Enrique.

En su lugar he invitado a Alicia, sobrina del arzobispo, a formar parte de mi séquito. Parece una compañía agradable y de inteligencia no tan vana como Elvira. Su peor defecto es su costumbre de tararear desafinando.

Arévalo, 30 de junio de 1467

¡Vamos a ir a la feria de Medina del Campo! Ha sido una sugerencia de Alfonso. Él sabe cuánto me gusta. El año pasado, Enrique nos impidió ir, pero este año no puede hacerlo.

Nos marchamos mañana.

Medina del Campo, 3 de julio de 1467

He aquí una breve lista de cosas que se venden en la feria:

- Paño de lana de Inglaterra.
- Satenes y brocados de oro con sedas hiladas en fábricas de Granada y el Norte de África.
- Alfombras de lana y mantas de montar con complicados arabescos tejidas por moros.
- Objetos de latón, que incluyen urnas, linternas y biombos, hechos por artesanos moros.
- Pieles de todas clases: marta, castor, zorro y marta cibelina de Rusia. También armiño, ¡muy caro!
- Miel.
- Sal, pimienta, jengibre, clavo, canela y otras especias traídas de Oriente.
- Jade y gemas de todas clases, también de Oriente.
- Porcelana de Francia y cristal de Venecia, la reina Juana podría reemplazar todo lo que rompió.

- Muchos artículos de piel y de madera.
- Unos polvos que dicen que son de cuerno de unicornio, cuyo uso desconozco.

Esto es sólo lo que me interesaba a mí. Mi lista no incluye los artículos que encapricharon a Alfonso, como cascos, brazales y escudos de Inglaterra y espadas de Francia.

Aunque tengo poco dinero —Enrique nunca me ha dado las rentas e impuestos que tengo que recibir de la ciudad de Trujillo—, hice algunas compras:

Una espadilla de marfil, con rosas talladas, para que Beatriz se recoja el pelo; bonitos cuellos de hilo para cada una de mis damas de honor; una botella de clavos en agua de azahar para Clara, que se queja de que su piel se ha vuelto áspera, y un salero lacado para Alfonso.

En cuanto a mí, me llamó la atención un brazalete árabe de ámbar engarzado en oro, pero no me alcanzaba el dinero y me compré, en cambio, un tintero.

Aunque la razón de la feria es el comercio, hay otras muchas distracciones aparte de comprar y hacer trueques. Los juglares van de un lado a otro, tocando cítaras, laúdes, flautas y gaitas. Los trovadores entretienen con baladas. Figuras gigantescas sobre zancos se pasean entre la multitud. Acróbatas y saltimbanquis realizan piruetas, y los malabaristas mantienen toda clase de objetos en el aire, por encima de sus cabezas.

Más tarde, apareció un gran oso negro con un gorro con campanillas y una chaqueta de satén rojo, que iba sujeto por una cadena dorada. Cuando su domador empezó a tocar una melodía con una pequeña flauta, el animal se levantó sobre las patas traseras y ejecutó una danza lenta y solemne.

Nos paramos a mirar un espectáculo de marionetas con figuras talladas y pintadas que representaban una batalla entre moros y cristianos. Ganaron los cristianos. En estos espectáculos siempre es así.

Alfonso, que iba a mi lado, también lo miró.

—Mi querida hermana Isabel —me dijo, con esa seriedad suya—, podéis estar segura de que he jurado expulsar a los invasores musulmanes. Como rey de Castilla, reclamaré las últimas tierras cristianas a los infieles ahora y siempre.

—Que Dios os bendiga —murmuré.

No mencioné que, si lo consigue, habrá hecho lo que ningún rey cristiano de la península ha logrado en los últimos setecientos cincuenta años, ni siquiera nuestro hermanastro Enrique.

Medina del Campo, 5 de julio de 1467

Qué cruel lección hemos aprendido hoy.

Con la guerra en mente, Alfonso ha insistido en que asistiéramos a una justa. Pedro Pimentel, uno de los caballeros de Alfonso, ha sido retado por un caballero de Salamanca.

Pimentel, un vallisoletano de cabello claro, entró en el recinto a caballo, con un peto sobre su jubón acolchado de terciopelo de color oliva brocado en verde, unos calzones escarlata y una pesada espada al cinto. Su contrincante entró montando otro hermoso caballo y luciendo un peto sobre su jubón de damasco rojo ribeteado de marta cibelina. Ambos llevaban yelmos con visera y sendos escudos.

Después de sonar las fanfarrias empezó la justa. El retador y el retado fueron a extremos opuestos del campo, se dieron la vuelta y cada uno fue a galope tendido hacia el otro, con las lanzas a punto. En la primera carga, el retador golpeó el escudo de Pimentel, produciendo un gran estruendo de metal, pero ambos caballeros se mantuvieron en su silla. Y así fueron atacándose una y otra vez; Alfonso animaba a su caballero.

Hacía bochorno, y mis damas de honor se abanicaban y se enjugaban el rostro húmedo con un pañuelo. María y Mencía se quejaban de que iban a morirse de calor. Apenas prestábamos atención cuando retador y retado iniciaron su novena carga. Pero esta vez el retador de Salamanca golpeó a Pimentel de tal modo que la punta de la lanza dio en la visera del casco del muchacho. Para horror de todos, la punta de la lanza penetró por un ojo y se le clavó en el cerebro. El pobre Pimentel cayó al suelo. Mis damas apartaron la cara y se taparon los ojos.

El de Salamanca ha frenado su caballo y se ha precipitado junto al muchacho. Alfonso ha saltado las barreras de madera, pidiendo a gritos un médico.

Demasiado tarde. Los que estaban cerca del caballero caído negaban significativamente con la cabeza. Pimentel estaba muerto.

El de Salamanca se arrodilló junto al cadáver, llorando amargamente. Los compañeros de Pimentel se marcharon corriendo y regresaron con un monje franciscano. Yo sabía lo que diría el fraile. La Santa Iglesia se opone a las justas y niega los Sacramentos a los que mueren en ellas. No habrá Misa de difuntos por este caballero muerto, ni será enterrado en tierra consagrada. El monje miraba con severidad a Alfonso.

Yo sentía lástima por mi hermano, que lloraba piadosamente por su amigo. Catalina se me acercó, cojeando.

—Ojalá no hubiera muerto ese muchacho —dijo—, y si tenía que morir, que pudiera ser llorado como es debido. Pero ha desafiado a la ley de la Iglesia, doña Isabel. No se puede hacer nada.

«Nadie es más obediente a la Iglesia y a Dios que yo —pensé—. Pero esta hija de converso, cuya fe yo sospechaba que era débil, cuya sangre creía manchada para siempre, es más obediente que yo misma.»

Arévalo, 8 de julio de 1467

Volvimos al castillo afligidos. La muerte de Pedro Pimentel arrojaba un manto de tristeza sobre todos nosotros, en especial sobre mi hermano. Es posible que el rey Alfonso haya empezado a pensar de forma diferente respecto a las justas.

Arévalo, 14 de julio de 1467

Mientras estábamos en la feria, el esposo de Beatriz regresó del campamento de Enrique. Don Andrés se quedará aquí lo que queda del mes. A veces los veo pasear juntos, sonreír mirándose a los ojos, como si no existiera nadie más en el mundo.

En ocasiones, Andrés me desagrada intensamente. No por su vínculo con Enrique, sino por el que tiene con Beatriz.

Arévalo, 29 de julio de 1467
Santa Beatriz

Hemos celebrado el santo de Beatriz con un espléndido banquete, servido en el patio de armas, seguido por cantos y danzas. Todos íbamos vestidos con nuestras mejores galas y joyas, pero la más bella era Beatriz. Incluso mi madre se ha dejado vestir y peinar para la ocasión. Aunque apenas ha hablado, la he visto sonreír un poco cuando ha empezado la música.

Casi había olvidado cuánto me gusta bailar, la única habilidad útil que me enseñó mi «tutora», la reina Juana. No me faltaban parejas y habría podido seguir durante horas.

Pero estoy preocupada por Alfonso. Mi hermano no es el mismo desde la muerte de Pimentel.

Arévalo, 1 de agosto de 1467

Pocas veces, o nunca, he visto llorar a mi querida amiga Beatriz, pero ayer lo hizo.

—Tengo el corazón dividido —me dijo entre sollozos.

—¿Cómo? ¿Entre qué y qué?

—Entre mi afecto por vos y mi amor por Andrés. Vos sois mi mejor amiga, y mi esposo es leal a Enrique. Y eso me obliga a tener secretos con él, ¿entendéis? Pero olvidemos las penas; tengo una noticia que daros.

Mi querida Beatriz, siempre a mi lado. Enlacé mis manos con las suyas.

—Decidme —susurré.

—El rey de Aragón, Juan II, ha enviado su embajador, Pierres de Peralta, al obispo Carrillo. Le ha hecho una propuesta. Os quiere como esposa de su hijo y heredero, el príncipe Fernando.

Le apreté las manos.

—¿El príncipe Fernando? ¿Qué sabéis de él? ¿Lo sabe Enrique?

Beatriz se liberó de mis manos y me puso los dedos sobre los labios.

—¡Chist, doña Isabel, os lo ruego! ¡Nadie debe oír esto!

Procuré conservar la calma.

—Os lo suplico, decidme todo lo que sepáis.

—Me he enterado de algunas cosas. En primer lugar, que el rey Juan es un hombre anciano, aún fuerte pero casi ciego. Y que idolatra a su único hijo, Fernando, y que le ha otorgado el título de rey de Sicilia. El rey Juan necesita ayuda para impedir que los franceses invadan Cataluña, y sabe que una unión con Castilla sería un buen seguro contra ese peligro. Y también sabe que para la corona de Castilla también sería beneficiosa una unión con Aragón, que cuenta con las largas costas de Cataluña y Valencia. El rey Juan está impaciente por lograr que os caséis con Fernando.

La impaciencia se apoderó de mí.

—Pero ¿y él? ¿Qué me decís de Fernando? ¿Es otro pretendiente viejo y feo?

—No es viejo, es joven; sólo tiene quince años, uno menos que vos. Y no es feo. Andrés lo vio una vez, y me dijo que el príncipe es de estatura mediana, fuerte y apuesto.

—Entonces debe de ser estúpido o cruel.

—Ninguna de las dos cosas, doña Isabel —dijo Beatriz, sonriendo—. Es bueno e inteligente. Me parece que es la pareja perfecta para vos.

Para entonces yo también sonreía. Pero aún quedaba una pregunta por responder, la más importante:

—¿Y Enrique?

—No sabe nada, claro. El rey Juan ya le propuso este matrimonio hace tiempo, pero debéis saber que Enrique se opuso. No perdona los ataques de las tropas aragonesas a la frontera castellana ni que el rey Juan interfiera en las luchas civiles de Castilla.

Debió de notar la decepción en la cara, porque después dijo:

—Sólo nos queda tener esperanza.

—Y rezar —añadí—. Rezar para que mi vida cambie pronto.

Arévalo, 14 de agosto de 1467

No paro de rezar, pero no recibo respuesta. No he sabido nada de Carrillo. Por lo que respecta a Enrique, no me ha hablado ni escrito desde que abandoné su cautiverio. Sólo sé esta interesante habladuría, que Clara me contó en susurros: Enrique ha enviado a la reina Juana a vivir a Coca, al castillo de su aliado el arzobispo Fonseca.

—Es de todos conocido —me dijo Clara— que la reina es feliz estando separada de su esposo, y él de ella.

Quizá por esta razón no le ha parecido adecuado escribirme.

Arévalo, 21 de agosto de 1467

Aún nada. El arzobispo Carrillo vino a pasar unos días y ofició Misa ayer. Después de cenar, me retó a una partida de ajedrez. Hacía mucho tiempo que no jugaba con él, ni con nadie. Mis damas de honor no encuentran interesante este juego.

Pidió un tablero, y alineamos nuestras piezas en los cuadrados de mármol claro y oscuro. Yo tenía las piezas de marfil, y él las de ébano. Hicimos nuestra jugada de apertura.

Mi pieza favorita es la reina, y cabría esperar que la suya fuera el alfil.

—No —me dijo—, los movimientos del caballo son los que más me interesan. El alfil es previsible, siempre se mueve en diagonal. Pero el caballo se mueve hacia delante y luego hacia un lado. Así. —De pronto, su caballo se comió uno de mis peones.

Lo miré asombrada.

—No prestaba atención —dije para excusarme.

—Un error —dijo él—. Siempre debéis prestar atención. Una lección importante, doña Isabel.

Proseguimos la partida. Hice algunos movimientos que me parecieron hábiles, pero en un abrir y cerrar de ojos el arzobispo había acorralado a mi rey.

Se dio unas palmadas en el prominente estómago y pidió que trajeran vino, y nos pusimos a hablar de otros asuntos. Pero, aunque yo ansiaba tener noticias, el arzobispo Carrillo no me dijo nada de la propuesta del rey Juan.

Y no me atreví a preguntar.

Arévalo, 1 de septiembre de 1467

Hoy es el santo de Ana. Se llama así, no por santa Ana, la madre de la santísima Virgen, sino por otra santa, una mujer que vio al niño Jesús en el templo de Jerusalén y profetizó que sería el redentor de Israel. Hice que prepararan un pastel especial en su honor, y ha estado tan contenta que se ha echado a llorar.

Arévalo, 15 de septiembre de 1467

Noticias maravillosas de Beatriz: espera un hijo para la primavera. He empezado de nuevo a coser, esta vez pequeñas prendas para mi ahijado. Alfonso dice que él no necesita más camisas.

No he tenido noticias del príncipe Fernando.

Arévalo, 1 de octubre de 1467

He decidido no molestar más a nuestro Dios misericordioso ni a ninguno de sus benditos santos con el tema del príncipe de Aragón. Es la última vez que escribo su nombre en este libro hasta que sepa algo definitivo: Fernando.

Arévalo, 5 de noviembre de 1467

Desde la triste muerte de Pimentel, el pasado verano, he visto poco a Alfonso. Tras su derrota en Olmedo, va de ciudad en ciudad con sus caballeros, tratando de recuperar el apoyo de los rebeldes. En cualquier caso, dentro de una semana cumplirá catorce años, y estamos haciendo planes para vernos y celebrarlo.

He contratado los servicios de un trovador que está escribiendo una pequeña pieza de teatro para la ocasión. Mis damas de honor interpretarán el papel de Musas, poseedoras de las virtudes y las habilidades. Catalina representará la Inteligencia. Por mi parte, haré el papel de la Fortuna y le recordaré a Alfonso la profecía que le hicieron cuando nació.

Al nacer Alfonso, nuestro padre contrató a un astrólogo, que predijo que las estrellas amenazarían la vida del muchacho durante sus primeros catorce años de vida. Pero si Alfonso cumplía los catorce, el astrólogo prometió que viviría y sería el príncipe más feliz de toda la cristiandad.

Arévalo, 14 de noviembre de 1467

Dadas las circunstancias, no estoy muy segura de que mi hermano sea el príncipe más feliz de toda la cristiandad, pero nuestra pequeña representación pareció complacerle. La actuación salió bien, aunque Catalina estaba tan nerviosa que se olvidó de las palabras que la Inteligencia tenía que pronunciar. ¡Y ella es la más inteligente de todas mis damas! Después, lo festejamos con un banquete espléndido.

Como señal de nuestra reunión y nuestra lealtad mutua, y en honor del día de mi santo, que es mañana, mi hermano me ha prometido la ciudad de Medina del Campo. Ahora tendré algunos ingresos por sus impuestos y rentas. Enrique siempre quiso mantenerme en la pobreza, pero ya no seré pobre nunca más.

Arévalo, 15 de noviembre de 1467
Festividad de santa Isabel

Siempre me ha gustado la santa cuyo nombre llevo, igual que mi madre y la madre de mi madre, así hasta siete generaciones. Cuando era pequeña, solía pedirle a mi madre que me contara la historia de Isabel, prima de la Virgen María. Isabel y su esposo, Zacarías, creían que era demasiado vieja para tener hijos. Cuando el arcángel Gabriel le anunció a Zacarías la buena nueva de que Isabel concebiría un hijo, Zacarías no lo creyó y Gabriel lo dejó mudo. Después de nacer el niño, recuperó el habla. El niño fue Juan el Bautista.

El arzobispo Carrillo, que vino para celebrar el cumpleaños de Alfonso y mi santo, ha oficiado la Misa esta mañana; su resonante voz llenaba la pequeña capilla. He tratado de imaginarme al arzobispo quedándose mudo y no lo he logrado. Nos ha recordado que, poco después de que Gabriel anunciara a la Virgen María que concebiría un hijo al que pondría por nombre Jesús, María fue a contarle la buena nueva a su prima Isabel.

E Isabel le dijo: «Bendita eres entre las mujeres, y bendito es el fruto de tu vientre.» Cada día, cuando rezo el rosario, repito las palabras que Isabel le dijo a María.

Después de Misa, hemos celebrado un banquete con venado asado, y ha habido más baile y cantos. He disfrutado mucho con todo.

Arévalo, 16 de noviembre de 1467

El arzobispo Carrillo me ha dicho esta mañana que se están gestando problemas. Algunos de los rebeldes que en otro tiempo declararon su lealtad a Alfonso han empezado a pasarse de nuevo al bando de Enrique. Entre ellos se encuentra el sobrino del arzobispo, Pacheco. Nunca recuerdo de qué lado está el Zorro.

—Los grandes están hartos del conflicto —ha afirmado el arzobispo—. Están cansados de los crímenes y los robos en los caminos, que hacen necesario viajar con una compañía completa de soldados para protegerse. Quieren que haya paz.

Esto es lo que querían cuando Enrique intentó casarme con el horrible Girón. ¡Espero que nadie esté urdiendo otro plan semejante para mí!

Arévalo, 20 de noviembre de 1467

¡El Zorro! ¿No cesarán nunca sus maquinaciones?

Beatriz ha irrumpido hoy en mis aposentos; estaba sin aliento por la noticia que me traía: Pacheco ha anunciado su intención de casar a una de sus hijas, tiene seis o siete, con el rey de Sicilia, cuyo nombre juré no mencionar.

He dejado a un lado el traje de bautismo que estoy bordando con pequeñísimas perlas y me he pinchado con la aguja.

—¿Y el rey de Aragón? —he preguntado. Ha aparecido una gotita de sangre en la punta de mi dedo—. ¿Está de acuerdo con el compromiso?

—No. Pero Pacheco es un hombre muy rico y poderoso. Ha persuadido a Enrique para que le otorgue toda clase de propiedades y títulos, incluidos algunos que por derecho pertenecen a Alfonso. El marqués de Villena tiene a sus órdenes una inmensa hueste, y eso le sería muy útil al rey Juan.

El alma se me ha caído a los pies. Sé poco acerca del príncipe aragonés que no puedo nombrar, pero parecía mucho mejor que el Escorpión.

Arévalo, 19 de diciembre de 1467

Transcurren las semanas sin que sepa nada más del tema de la hija de Pacheco y ese príncipe.

Veo a Beatriz casi cada día. Pero sus pensamientos son para el hijo que está esperando.

Arévalo, 24 de diciembre de 1467
Nochebuena

Para el banquete de Navidad, mi madre ha accedido
a ponerse su mejor vestido de seda y recogerse el cabello en una redecilla plateada. Durante meses se ha
negado a salir de su aposento, y Clara y yo considera-
ramos que es un triunfo que nos acompañe a Misa y
al banquete que seguirá. Se están encendiendo pequeñas lámparas de aceite en las ventanas de todos
los hogares de Arévalo, desde el castillo hasta la más
humilde casa, para recibir al niño Jesús.

Alfonso está con nosotras. Si a mi hermano le
preocupa la pérdida del apoyo de los grandes, no
lo demuestra. Sigue interpretando el papel de rey
de Castilla, aunque cada vez cuenta con menos
súbditos.

Arévalo, 6 de enero de 1468
Día de Reyes

Nos hemos abrigado para protegernos del frío y hemos ido a contemplar el desfile de los prohombres de
la ciudad disfrazados de los Sabios de Oriente. Lan-
zaban caramelos y monedas a los niños, que anda-
ban a la rebatiña para recogerlos.

De nuevo en el castillo, hemos entrado en calor
e intercambiado regalos. Mi favorito es un pequeño
juego de ajedrez que me ha ofrecido el arzobispo.
Las piezas son de madera, maravillosamente talla-

das, pintadas y doradas. He desafiado a Alfonso a una partida, pero se ha negado. Sé por qué: tiene miedo de que le gane.

Pero él dice que es porque debe partir hacia Talavera.

Arévalo, 20 de enero de 1468

Tengo la impresión de que anoto poco más que tristezas. Todo a mi alrededor es infelicidad y desdicha.

En todo el país crece el odio a los judíos. Llegan noticias de que en Talavera, a un día de viaje de Toledo, hacia el Oeste, se han producido incluso derramamientos de sangre. Allí, las multitudes han atacado y robado a todos los judíos y conversos que han encontrado. Muchos han muerto.

Talavera se halla ahora dividida en dos bandos hostiles, los cristianos contra los judíos. La prudente Clara, que entiende tantas cosas, me explicó la causa del resentimiento hacia judíos y conversos:

—El pueblo llano los denuncia por ser comerciantes, vendedores, sastres, zapateros, curtidores, tejedores, herreros, buhoneros, tenderos y joyeros; en resumen, por obtener beneficios sin mucho trabajo. Acusan a los judíos de no trabajar la tierra, aunque a los judíos les está prohibido ser propietarios de tierras. La gente no distingue entre judíos, como el doctor Abravanel, y conversos, como Catalina y su familia. Están resentidos con todos.

—¿Creéis que los conversos son cristianos sinceros? —le pregunté a Clara—. He oído decir que muchos siguen practicando en secreto su fe judía.

—Yo también estaba presente cuando el padre Torquemada predicó su sermón sobre ese tema. Estáis pensando en Catalina, ¿verdad?

—Sí. Creo con todas mis fuerzas que ella es una auténtica cristiana.

—Y yo también —dijo Clara—. Pero Catalina sólo es una conversa. Hay otros muchos. Ella es leal, pero otros puede que no lo sean.

Entretanto, prosigue el derramamiento de sangre en Talavera, que hasta ahora había apoyado el reinado de Alfonso. El alcalde exige un precio por su lealtad. Alfonso está furioso y se niega a doblegarse ante semejantes demandas. Ha dicho a los grandes de Talavera que son libres de apoyar a Enrique, si eso es lo que desean.

¡Me siento orgullosa de él!

Arévalo, 26 de enero de 1468

Catalina ha empezado a bordar un estandarte de seda para Alfonso, que muestra el castillo y el león de la corona de Castilla y León. Me ha enseñado el dibujo que tiene pensado hacer. Será muy bonito, estoy segura.

Empiezo a creer que Catalina está más que medio enamorada de mi hermano. ¡Y eso que ha estado insistiendo en que se encerrará en un convento y consagrará su vida a la santísima Virgen! Alfonso no sabe nada.

Ya no se oyen comentarios sobre la intención de Enrique de casar a mi hermano con nuestra sobrina, la princesa Juana. Enrique, ese León adormilado que cambia de opinión, probablemente tiene otros planes para esposar a su princesita. ¡No me sorprendería que intentara ofrecer la Beltraneja al innombrable príncipe de Aragón!

Arévalo, 24 de febrero de 1468

Ha empezado otra Cuaresma, otros cuarenta días de oración y ayuno. Lo que más echo de menos es tocar mi cítara. Y también Ana.

No he visto al padre Torquemada desde que me marché de Segovia. El confesor que tengo aquí, el padre Guzmán, es casi lo opuesto a él: de baja estatura y rollizo, con una dulce sonrisa, ojos alegres y una actitud amable. ¡Y no es nada propenso a imponer penitencias duras! Nunca se le ocurriría hacerme anotar mis pecados. Me parece que le importa un comino qué costilla le arrancó Dios a Adán para crear a Eva. «¡Goza del amor de Dios!», me aconseja el padre Guzmán con su sonrisa de querubín.

Es una idea nueva.

Arévalo, 1 de marzo de 1468

Fuera no para de llover. Dentro no paramos de coser. Beatriz me ha sugerido que cosa más despacio, o tendrá que tener gemelos para utilizar todos los vestiditos que he hecho para su hijo.

Arévalo, 12 de marzo de 1468

El mundo entero está esperando. Esperando la resurrección de Nuestro Señor Jesucristo. Esperando que cesen las lluvias y aparezcan los verdes brotes en el campo. Esperando a que finalice la lucha entre los rebeldes y los legitimistas. Esperando el nacimiento del hijo de Beatriz, que será dentro de un mes.

Y yo..., yo espero, ¡aún!, que me digan algo de mi compromiso matrimonial, algún chisme sobre el Zorro y sus esfuerzos por hacerse con el príncipe innombrable para su hija. Seguro que es fea. ¿Cómo puede ser de otro modo con un padre así?

Espero que ocurra algo. ¡Cualquier cosa!

Arévalo, 10 de abril de 1468
Domingo de Pascua

¡Aleluya, Cristo ha resucitado! ¡En verdad ha resucitado!

Una vez más, la oscura época de Cuaresma ha terminado, la alegre Pascua ha empezado. La hemos celebrado con un espléndido banquete, preparado y servido con toda pompa y ceremonia.

Beatriz no ha podido estar con nosotros. Su hijo está a punto de nacer y ya no acude a fiestas. Don Andrés estaba presente y se han alzado las copas por el inminente nacimiento de su heredero.

Clara me ha susurrado:

—Mala suerte. Debería fingir que no está sucediendo nada.

Pero él sonreía e inclinaba la cabeza, y ha brindado por su esposa ausente.

Yo esperaba ponerme un vestido nuevo para el banquete, pero no tengo dinero para vestidos ni para nada. Alfonso me obsequió la ciudad de Medina del Campo, pero el alcalde es leal al rey Enrique y no me entrega los impuestos ni las rentas sin la aprobación de éste. Y, por supuesto, Enrique no lo aprueba.

Así que me he puesto el vestido del año pasado, que se me ha quedado estrecho y está deslucido.

Arévalo, 14 de abril de 1468

Beatriz ha empezado a sentir las contracciones. Todos rezamos para que el parto vaya bien.

Recuerdo muy bien cuando nació la princesa Juana, hace seis años. En aquella época, yo formaba parte del séquito de la reina. Como es costumbre, al nacimiento asistieron no sólo las comadronas y el médico de palacio, sino también muchos de los grandes y miembros de la corte. Mientras la reina permanecía en cuclillas en la silla de partos, se encontraban a un lado el rey Enrique y al otro el arzobispo Carrillo, así como diversos dignatarios, nobles y prelados, que estaban colocados por orden de rango.

¡Pobre reina Juana! Pidió a sus damas que le pusieran un velo sobre la cara para que nadie, en la atestada sala de palacio, la viera hacer muecas de dolor. Pero, claro, eso no le impidió gritar, y el parto fue largo y difícil. Por una vez, sentí lástima por ella.

Beatriz no es reina y, por lo tanto, puede sentir dolor y parir en la mayor intimidad. ¡Estoy segura de que lo agradece! Me ha pedido que esté con ella y le he prometido que lo haré.

Arévalo, 16 de abril de 1468

Beatriz ha dado a luz un robusto niño poco después de medianoche. Está exhausta, y ahora duerme. Yo estoy cansada, pero demasiado nerviosa para dormir.

El niño se llamará Rodrigo, en honor de Rodrigo Díaz de Vivar, el legendario Cid, a quien Beatriz admira tanto como yo. Ahora se han llevado al niño Rodrigo para que el ama de cría que Beatriz ha elegido lo amamante. Entrevistó al menos a una docena de mujeres antes de decidirse por una.

—El niño traga el carácter y la disposición de la mujer junto con la leche que toma —me dijo Beatriz.

—¿Y la inteligencia? —pregunté—. ¿También está en la leche?

—Dejadme deciros, doña Isabel —me confió Beatriz—, que si de mí dependiera, amamantaría yo misma a mi hijo, para estar segura de que recibe todo lo que tengo que ofrecerle, y eso incluiría la inteligencia.

—Y el valor —añadí, recordando a Beatriz con la daga escondida cuando estuve casi prometida a Girón.

—Valor, también. Pero todo el mundo está en contra de mi idea. Andrés se quedó sorprendido cuando lo sugerí, igual que mi madre. Y no tengo valor para desafiar la costumbre. Así que he contratado a una mujer de actitud plácida y excelente carácter, y espero haber elegido bien.

Arévalo, 20 de abril de 1468

Hoy ha sido bautizado el pequeño Rodrigo en la capilla real. Yo he actuado como madrina mientras el arzobispo Carrillo derramaba sobre el niño el agua bendita de la pila bautismal, hacía la señal de la cruz en la frente del pequeño con los santos óleos y pronunciaba solemnemente su nombre. Rodrigo ha gritado a pleno pulmón, lo cual dicen que es buena señal.

Sé que Beatriz quería que Alfonso fuera uno de los padrinos del niño, pero don Andrés se opuso; quería que lo fuera Enrique. Beatriz sugirió, perversamente, que se lo pidieran a ambos, ya que existe la costumbre de que haya dos padrinos. Pero, como es natural, esto no es posible. Mis dos hermanos no se hablan.

Al final, serán padrinos el esposo de Clara, Gonzalo Chacón, y uno de los hermanos de Andrés.

Arévalo, 22 de abril de 1468

Hoy cumplo diecisiete años. Mi vida se halla suspendida entre la infancia y la madurez. La cuestión de mi matrimonio sigue sin respuesta. En algunos aspectos, me gusta mi libertad, pero al mismo tiempo me preocupa mi futuro.

Bajo la dirección de Catalina, mis damas de honor escenificaron una obrita con motivo de mi cumpleaños. Cada una representaba una de las cuatro virtudes Cardinales: Prudencia, Fortaleza, Justicia y Templanza. Como son seis damas, añadieron dos de las Teologales, Fe y Esperanza. Me pareció aburrida, pero, desde luego, fingí estar profundamente conmovida.

Mi madre me ha regalado un Libro de Horas para mis rezos privados; el texto de oraciones y salmos ha sido ilustrado por monjes en oro y vivos colores.

Últimamente, la reina viuda parece insólitamente lúcida, por lo cual doy gracias. En esos momentos podemos hablar. Pero cuando la alegría de su espíritu desaparece y regresa la tristeza, me quedo abatida.

Alfonso, que conoce mi interés por los movimientos de los planetas y por las estrellas del firmamento, me ha regalado un mapa de las constelaciones. Y Catalina ha trabajado con finas sedas e hilo de oro un dibujo de Eva en el Jardín del Edén. Eva sostiene una manzana dorada, y la perversa Serpiente se desliza entre las hojas del Árbol de la Ciencia. Me recuerda al Zorro, Juan Pacheco.

Beatriz, que aún no se ha recuperado del parto, me ha enviado un juego de hermosas plumas para escribir con un cuchillo de plata para afilarlas, todo ello en una bolsita de seda bordada. Sé que su intención es que las utilice no sólo para escribir cartas, sino también en este libro, cuya existencia sólo ella conoce. Lo guardo escondido en mi dormitorio, entre mis colchones, donde sólo lo encontrarán las doncellas, incluida Ana, que no saben leer y lo más probable es que lo confundan con un libro de oraciones.

Arévalo, 25 de abril de 1468

Hoy me he enterado por el arzobispo Carrillo de que el rey Enrique ha recibido varias ofertas de matrimonio para mí. Una es de un inglés, Ricardo, duque de Gloucester, hermano menor del rey Eduardo. No sé nada de él ni de los demás.

Siempre queda el Escorpión, que ahora exige que me case con él para compensar algún supuesto desaire a su sobrina, la princesa Juana. Ya no es tan pequeña; tiene seis años y, la última vez que la vi, una lengua tan afilada como la de su madre. ¡Casarse con alguien para disculparse!

Arévalo, 1 de mayo de 1468

Nuestra alegría por el nacimiento del hijo de Beatriz ha quedado empañada por la noticia de que se ha producido un nuevo brote de peste bubónica. Un mensajero trajo la noticia, desde Toledo, de que se han dado casos de peste en ciudades del Sur. Algunas han sido aisladas.

Inmediatamente, el temor se ha extendido por nuestra pequeña ciudad. Cada pocos años, una nueva epidemia de peste se lleva muchas vidas. Un siglo antes de que yo naciera, la peste llegó de Constantinopla traída por los cruzados que volvían de la Guerra Santa contra el islam. La peste se cobró miles y miles de vidas en toda Europa. Desde entonces no ha habido nada tan terrible, por lo que damos gracias a Dios. Pero cada vez que se produce un nuevo brote, tememos lo peor.

Esta enfermedad no tiene cura. Ni siquiera los médicos judíos saben cómo tratarla. La víctima sufre de fiebre alta y escalofríos y pronto empieza a delirar. Luego, le salen bultos en las axilas y en la entrepierna, llamados bubones, y la sangre infectada que sale de ellos es negra. La muerte llega en cuestión de días.

No se puede hacer nada más que mantener en cuarentena la ciudad donde ha aparecido la enfermedad, y durante cuarenta días no permitir que nadie entre ni salga. Sólo se puede rezar por los que están encerrados dentro.

Arévalo, 6 de mayo de 1468

Aunque estamos muy preocupados por la peste, tenemos otras cuitas: Alfonso sigue perdiendo apoyo entre los grandes.

Lo más decepcionante para mi hermano es la pérdida de Talavera. A menudo habla de recuperarla, y he prometido hacer todo lo que pueda para ayudarlo. Aunque abandoné el cautiverio en que me tenía confinada Enrique hace meses, durante todo este tiempo he procurado mantenerme neutral en la rivalidad entre él y mi hermano. Pero ha llegado el momento de que tome parte públicamente por Alfonso. Es evidente que será mejor rey.

Arévalo, 15 de mayo de 1468

La peste se acerca a Toledo. Las puertas de Ocaña se han cerrado, así como las de otras ciudades situadas al Oeste.

Hasta ahora, la epidemia se mantiene alejada de nosotros y no estamos muy alarmados.

Arévalo, 23 de mayo de 1468

Cada día tenemos noticias de más muertes y del cierre de más ciudades. Ofrecemos Misas diarias por los difuntos y por los que sufren, y rezamos para que no nos ocurra nada.

Mis damas están asustadas. Procuro calmarlas, asegurarles que todo irá bien, que debemos confiar en Dios.

Arévalo, 26 de mayo de 1468

Para distraerme, visito cada día a mi ahijado, Rodrigo, un niño regordete con una disposición alegre. Beatriz ha elegido bien el ama de cría. Es un persona jovial cuya presencia nos anima.

También visito diariamente a mi madre, que a veces me habla con perfecta claridad y a veces parece no reconocerme y me mira imperturbable, con los ojos como vacíos. De vez en cuando, me permite llevarla fuera, a tomar aire fresco, sacarla de la lobreguez y ranciedad de su aposento. Pero se queja de que el sol le hace daño en los ojos, o, si es de noche, de que está demasiado oscuro para ver nada, de modo que siempre volvemos a entrar enseguida. Entonces me pide que toque la cítara para ella, aunque eso la hace llorar.

Arévalo, 1 de junio de 1468

Que Catalina ama a Alfonso es cada vez más evidente. Se le nota en los ojos, por el modo en que le brillan cuando mi hermano entra en la capilla y permanecen fijos en él hasta que se marcha. No me ha hablado de ello.

Alfonso está entre los catorce y los quince años, y cada día es menos chiquillo y más hombre. Ya es muy alto, y algún día tendrá la misma estatura que nuestro hermanastro Enrique. Sus hombros aún son estrechos, pero tiene el cabello espeso y rubio y las facciones bien dibujadas. ¡Qué doncella no se enamoraría de él! Pero, claro está, no hay ni que pensar en un dulce y breve romance. Su esposa deberá tener sangre real. La familia de Catalina no entra en esa categoría.

Arévalo, 7 de junio de 1468

Alfonso se queja de que transcurren las semanas y sigue sin recibir noticias de los movimientos de los soldados de Enrique. El Zorro está de nuevo en el bando de mi hermano. No entiendo cómo Alfonso y Carrillo toleran a Pacheco.

Arévalo, 24 de junio de 1468

Dentro de diez días Alfonso parte para Ávila, donde espera reclutar nuevas tropas. Iré con él. Ha jurado recuperar Talavera.

Seremos un séquito poco numeroso. Catalina insiste en ir también, a pesar de sus dificultades. Yo he hecho todo lo que he podido para persuadirla de que se quede aquí, diciéndole que puede ayudar a Beatriz con el niño. En especial, necesito que ayude a Clara a cuidar de mi madre.

No quiere escucharme. Alfonso tendrá que ordenarle que se quede.

Arévalo, 29 de junio de 1468

Cambio de planes: Alfonso y yo nos marchamos dentro de unas horas, antes de que salga el sol. La razón: un brote de peste aquí, en Arévalo. Ya corren rumores de que se han producido varias muertes, y seguramente el consejo de la ciudad ordenará que se cierren las puertas a mediodía.

Clara está muy inquieta, igual que Catalina, que ha recibido de mi hermano la orden de quedarse. Estoy preocupada por todas mis damas, pero creo que si permanecen en el castillo, lejos de las corrientes que pueden transportar la peste, estarán a salvo. Me preocupa en particular Catalina, pues tiene un aspecto febril. Puede que sólo sea que languidece de amor por mi hermano. Suspira cuando lo ve pasar, y él no se da cuenta de nada. Sería divertido, si no fuera tan triste.

He de terminar de hacer mi equipaje y asegurarme de que no olvido este libro. He decidido dejar a Ana y mi cítara aquí. Ella tocará para mi madre en mi ausencia.

Cardeñosa, 30 de junio de 1468

Todos estamos exhaustos. Hemos llegado sanos y salvos al hogar del alcalde de Cardeñosa, localidad situada a una hora de distancia de Ávila. El viaje a caballo desde Arévalo ha sido muy pesado, pues queríamos llegar antes de que oscureciera. Partimos con tanta prisa esta mañana que no hubo tiempo de oír Misa, pero el arzobispo Carrillo ofició una para nosotros bajo los árboles cuando nos paramos a descansar.

Nuestros anfitriones son de lo más generoso. El alcalde y otros ciudadanos destacados nos han proporcionado los mejores alojamientos y se han excedido en su hospitalidad. Tras refrescarnos, nos sirvieron una deliciosa cena. Resultó que era el plato favorito de Alfonso: trucha adobada con especias y asada para él por el propio anfitrión. Yo estaba demasiado fatigada para tomar nada más que unas aceitunas y algo de pan, con un poco de vino aguado.

Mañana reanudaremos viaje hacia Ávila.

Cardeñosa, 1 de julio de 1468

Alfonso se ha puesto enfermo. Al romper el alba, sus criados vinieron a mi aposento para decirme que no podían despertarlo. Me puse una bata y me precipité a su cámara, donde Carrillo y Pacheco ya se encontraban a la cabecera de su cama. Mi hermano estaba completamente inmóvil.

—¿Tiene fiebre? —pregunté, pero al parecer nadie lo sabía.

—Han ido a buscar un médico —dijo Pacheco.

Cuando le puse una mano en la frente, noté que no estaba caliente.

—¡Alfonso! ¡Alfonso! —le susurré al oído, y luego hablé cada vez más alto hasta gritar su nombre.

Mi hermano no se movió.

Todos nos pusimos de rodillas y el arzobispo Carrillo dirigió las plegarias. Pronto la cámara se llenó de suplicantes.

Después, llegó un médico y nos ordenó que nos marcháramos. Yo me negué, igual que el arzobispo y Pacheco. Los tres observamos al médico, que intentó sangrar a mi hermano practicándole unos cortes en las venas de ambos brazos para extraer la sangre impura. Pero de sus venas no salió sangre. Seguía respirando y el corazón le latía, pero no se le podía despertar del sopor en que se encontraba sumido.

—La peste —susurré a Carrillo—. Está muriendo de la peste.

—Tal vez —me respondió el arzobispo en un murmullo—. O tal vez sea otra cosa.

Pero ¿qué otra cosa podía ser? El médico siguió examinando a mi hermano y descubrió que su lengua se había vuelto negra. Extrañamente, sin embargo, no hay bubas ni en sus axilas ni en su entrepierna.

Sea lo que sea lo que ha atacado a mi queridísimo hermano, no podemos hacer nada salvo rezar, lo cual hago fervientemente.

Cardeñosa, 2 de julio de 1468

Mi hermano apenas se aferra a la vida. No me he movido de su lado. Contemplando sus facciones inmóviles, me pregunto qué habrá sido de los que se quedaron en Arévalo: mi madre, Beatriz y su familia, Catalina, Ana..., y rezo también por ellos.

Cardeñosa, 3 de julio de 1468

Se ha extendido por todo el reino la noticia de la enfermedad mortal de Alfonso. Recibimos mensajes de todo Castilla y León en los que se nos comunica que se reza día y noche para que recobre la salud. Pero no se ha producido ningún cambio.

Cardeñosa, 4 de julio de 1468

El médico dice que no se puede hacer nada. Es la voluntad de Dios. El fin está cerca. Trato de prepararme para lo peor. No puedo imaginarme este mundo sin Alfonso.

Cardeñosa, 5 de julio de 1468

A las tres de esta tarde, mi amado hermano Alfonso, rey de Castilla y León, ha entregado su alma a Dios. Descanse en paz.

Ávila, Convento de Santa Ana, 6 de julio de 1468

Estoy aturdida por esta terrible desgracia. Al cabo de unas horas de su muerte, el cuerpo de Alfonso fue devuelto a Arévalo, al convento de San Francisco. Allí las monjas lo están preparando para enterrarlo. Carrillo y Pacheco no me permitieron acompañar el cuerpo de mi hermano y me llevaron al convento de Santa Ana.

—Es para vuestra protección, doña Isabel —insistió el arzobispo Carrillo. Supuse que se refería a que aquí me hallaría a salvo de la peste, pero enseguida me corrigió—. Quiero decir que necesitáis protección contra los caballeros de Enrique —dijo—. ¿Comprendéis, doña Isabel, que ahora sois la siguiente en la línea sucesoria al trono?

Pero estaba demasiado apenada para comprender nada que no fuera el dolor que sentía y aún siento por la pérdida de mi hermano.

Ávila, 8 de julio de 1468

La peste invade nuestra tierra y no hay forma de saber a quién se llevará y quién se salvará. Se dice que en el instante en que Alfonso expiró, otros muchos murieron en Arévalo y Segovia. Esas almas, en especial las de los niños, se hallan ahora en compañía del rey ante el trono de Dios.

Entre aquellos cuyo espíritu acompaña al de mi hermano se encuentra mi queridísima amiga Catalina. Me pareció que no se encontraba bien cuando me despedí de ella hace una semana. Beatriz me escribió y me contó que, el mismo día en que Alfonso cayó enfermo, Catalina se sintió mal. Duró unos días y luego murió. ¿Podía saber que su amado estaba mortalmente enfermo? Creo que ella deseaba estar con él en el Cielo, ya que no había podido estarlo en la Tierra.

Volví a llorar al conocer esta noticia, recordando que sus plegarias me habían ayudado a escapar del compromiso con Girón al que estaba destinada y que me había pedido peregrinar a Zaragoza. Ahora deberé efectuar ese peregrinaje sola.

Beatriz me asegura que Andrés y Rodrigo gozan de buena salud, y también mi madre, que reaccionó a la noticia de la muerte de mi hermano sin pronunciar una sola palabra; sólo derramó unas lágrimas en silencio. Tengo la impresión de que no hago más que llorar.

Ávila, 9 de julio de 1468

Ante la insistencia de Carrillo, he escrito a los grandes que apoyaban a mi hermano como rey para recordarles que ahora soy la legítima heredera de Alfonso. El arzobispo me dictó las palabras:

«Lo que se debía a mi hermano Alfonso ahora se me debe a mí.» Carrillo y Pacheco añadieron sus firmas a la mía, y los mensajeros partieron para entregar las misivas. No estoy muy segura de esta pretensión, que significa la continuación de la guerra civil, pero Carrillo se mostró inflexible.

Ávila, 13 de julio de 1468

Es un consuelo para mí alojarme en el monasterio con las monjas, en especial con su bondadosa y anciana abadesa. En épocas más felices habría permanecido con ellas para estudiar sus bonitos bordados. Ahora lo único que puedo hacer es pensar y rezar con todo mi fervor.

Ruego a Dios que me guíe al ver mi futuro tan alterado por la muerte de mi querido Alfonso.

Ávila, 14 de julio de 1468

Dios ha oído mis plegarias y me ha enviado una respuesta: «La muerte de Alfonso es una señal de que a Dios le desagrada la causa rebelde. Mientras Enrique viva, nadie más que él tiene derecho a llevar la corona.»

Ávila, 15 de julio de 1468

Acababa de finalizar mis oraciones matinales con el Libro de Horas cuando la anciana abadesa apareció en mi cámara.

—¡Doña Isabel, tenéis visita! El arzobispo Carrillo y su séquito os esperan abajo.

Ataviada con un largo vestido de lana blanco que llevaré durante el primer mes de luto, seguí a la abadesa por un lóbrego pasillo. Una verja de hierro forjado separa el claustro del mundo exterior. Al otro lado de la reja se encontraba el arzobispo, vestido con seda y terciopelo y acompañado por una docena de caballeros ricamente engalanados.

Me acerqué a la reja. Cuando me vieron, Carrillo y los caballeros se hincaron de rodillas.

—Doña Isabel —dijo el arzobispo, con aire sombrío—, os pedimos con la mayor humildad que ocupéis el trono rebelde en el lugar de vuestro difunto hermano. ¿Aceptáis ser la reina Isabel de Castilla y León?

Con la fuerza que Dios me ha dado, tenía mi respuesta a punto. En primer lugar, les di las gracias. Luego, con voz temblorosa, dije:

—Creo que Dios desea que sea la heredera de Enrique, no su rival. Le he escrito para decírselo.

El arzobispo Carrillo dio un paso atrás como si le hubiera asestado un golpe. Por un momento, parecía incapaz de hablar. Luego se recuperó:

—¿Es posible que hayáis enloquecido a causa de la pena? —preguntó con incredulidad.

—Os aseguro que no, excelencia —repliqué—. No he perdido la razón.

Carrillo se levantó y se acercó a la reja, una figura alta y autoritaria. Tenía el rostro enrojecido.

—Durante cuatro difíciles años, vuestro hermano y yo, junto con otros, hemos luchado por la causa rebelde. ¿Pondréis fin a ello con tanta facilidad?

Su tono de voz era firme, pero yo percibía la ira que había bajo sus palabras amables.

—Pondré fin a la intranquilidad —dije—. No deseo más que la paz en el reino.

El arzobispo se agarró a la reja. Nos miramos a la cara, muy de cerca.

—Doña Isabel, os ruego que me escuchéis —dijo—. Llevo casi un año negociando con el rey de Aragón: si aceptáis casaros con el rey de Sicilia, su heredero, el rey Juan apoyará abiertamente la causa rebelde.

Sentí que mi corazón se partía en dos: quiero casarme con Fernando, pero no puedo apoyar la causa rebelde. ¿Acaso no es una buena solución que Enrique me nombre heredera? Eso reconciliaría ambas partes y alejaría a la reina Juana de la corte. A mis espaldas, oía el tintineo de las cuentas del rosario de madera de la abadesa mientras ésta iba, nerviosa, de un lado a otro.

—Le he prometido a Enrique que no me opondré a él —declaré—. Seré la sucesora de Enrique, no su rival.

—Lo seréis si el rey no persiste en su propósito de considerar a la princesa Juana su sucesora, doña Isabel —dijo el arzobispo con brusquedad—. Entonces tal vez deseéis haber escuchado mi consejo.

Lo miré fijamente:

—Perdonadme, excelencia.

El arzobispo me hizo una reverencia. Después, él y sus hombres montaron en sus caballos y se alejaron, y yo me retiré a mi cámara y me arrodillé de nuevo para rezar.

Ávila, 30 de julio de 1468

¡Pobre Enrique! No puedo más que compadecerlo. Parece que nada le va bien.

Hace más de un año envió a la reina Juana a vivir a Coca, en el castillo del arzobispo Fonseca. Parece que se ha enamorado del sobrino de éste, don Pedro de Castilla, y se dice que está esperando un hijo suyo. Así que ha caído en desgracia y me he enterado, todo esto por Carrillo, de que Enrique le ha dado la espalda. La ha repudiado, ha declarado formalmente que su matrimonio con ella no es, ni ha sido nunca, legal. ¡Es el fin de la reina Juana!

Ávila, 3 de agosto de 1468

Más habladurías.

—Creo que Enrique está dispuesto a nombraros su heredera —me ha dicho Carrillo—. Con la noticia de la deshonra de la reina, vuelve a circular el rumor de que la princesa Juana no es su hija legítima. Los grandes de Castilla jamás la aceptarán como reina. Os quieren a vos, doña Isabel.

Ávila, 5 de agosto de 1468

He dejado el convento y las sencillas comodidades ofrecidas por las buenas monjas y me he trasladado al castillo real de Ávila. Hace tanto calor que apenas tengo fuerzas para nada. Me parece que volveré a dibujar, pero mis damas me indican de manera disimulada que prefieren moverse lo menos posible. Están más contentas bebiendo agua de fresas y abanicándose. A decir verdad, yo también. Dibujar sólo me recuerda a Catalina y me entristece.

Ávila, 7 de agosto de 1468

Visitas del Zorro y del Toro. Me divertirían si no me irritaran tanto.

Primero vino Pacheco. Iba a reunirse con Enrique para redactar un acuerdo entre los legitimistas y los rebeldes, que han acabado por ver las ventajas de mi solución de ser nombrada heredera, en vez de oponerme abiertamente al rey.

Antes de partir, el Zorro se inclinó hacia mí y me dijo con suavidad:

—Un consejo, doña Isabel: no prestéis atención a ninguno de los consejos de Carrillo. Su principal interés es aumentar su poder.

¡Como si no fuera también el principal interés del Zorro! Qué alivio verlo marcharse.

Apenas un día después, tuve otra visita: el Toro.

—Tened cuidado con Pacheco —me advirtió Carrillo, meneando el índice cerca de mi nariz—. No se puede confiar en él, nunca se sabe de qué lado está.

Ávila, 13 de agosto de 1468

Durante casi una semana no he tenido visitas ni del Toro ni del Zorro ni de nadie. Todos han ido a negociar los detalles del acuerdo con el rey Enrique. A mí no me han consultado. Mi opinión ya la conocen. Y por eso espero.

He recibido varias cartas de Beatriz en las que me cuenta los progresos que hace mi ahijado Rodrigo. Escribió:

«Tengo ganas de que también vos, algún día, disfrutéis de la felicidad que sólo un hijo puede daros. ¡Pero antes os hemos de encontrar un buen marido!»

Me puse a escribir una respuesta de inmediato, pero me entró tanta melancolía al pensar en mi vida, que no se me ocurrió nada que decir.

Ávila, 18 de agosto de 1468

El acuerdo ha sido redactado, los planes están trazados. Dentro de un mes me reuniré con el rey Enrique y su séquito para firmar los documentos en un lugar llamado Toros de Guisando. Se llama así por los cuatro toros tallados en piedra colocados allí hace siglos.

Llevo más de un año sin ver a mi hermanastro y no tengo ni idea de qué debo esperar de él.

Recuerdo que, cuando estábamos más unidos, al menos éramos cordiales el uno con el otro. Pero esa calidez natural al parecer se ha fundido como la nieve bajo la lluvia, y durante algún tiempo no ha habido más que frialdad entre nosotros.

Ávila, 17 de septiembre de 1468

Hace días que no duermo mucho ni como bien. Mañana voy a reunirme con el rey Enrique. Llevaré un vestido nuevo, de terciopelo de color ámbar, con una capa de damasco verde oscuro. Montaré una mula negra con arreos de terciopelo negro ribeteado en plata y oro. Para hacer honor a mi categoría de futura reina, el arzobispo Carrillo dice que irá a pie a mi lado, sujetando las riendas doradas. Nos flanquearán los obispos de dos ciudades que me apoyan, a caballo. Detrás de nosotros irán doscientos caballeros.

Estoy nerviosa, pero procuro disimularlo. Rezo para que todo salga bien.

Arévalo, 19 de septiembre de 1468

Todo ha salido bien, la ceremonia ha terminado y ya veremos lo que ocurre.

En comparación con el del rey Enrique, mi séquito en verdad parecía modesto. Él llegó al campo, fuera de la ciudad, entre sonido de fanfarrias, con una escolta que incluía mil trescientos hombres a caballo.

El Zorro iba a su lado, encabezando un grupo de prelados y docenas de grandes y nobles de menor categoría. Entre ellos se encontraba Andrés de Cabrera, esposo de mi querida Beatriz. Una de las razones por las que tanto deseo llegar a un acuerdo pacífico con mi hermanastro es que no soporto que haya familias y amigos separados por una guerra civil.

Con piernas temblorosas desmonté, me acerqué a Enrique y me incliné para besarle la mano. Incluso en medio de todo este esplendor, la ropa del rey estaba tan deslucida como siempre. Pero Enrique me hizo un gesto con la mano para que me levantara, y me sonrió, de hermano a hermana. Nunca le ha gustado el protocolo, y me ha conmovido profundamente que ninguno nos separara.

¡Pero Carrillo! ¡Qué hombre tan terco! Se negó a besar la mano al rey. Turbada, susurré:

—Excelencia, como gesto de bondad hacia mí, haced el favor de honrar al rey.

Y con voz retumbante, para que todos lo oyeran, el arzobispo anunció:

—Besaré la mano del rey cuando éste haya jurado que vos sois su única heredera.

Me quedé atónita. ¡Igual que todo el mundo! Pero Enrique, al parecer, no reparó en el insulto, o, si se fijó, no le importó, o, si le importó, no respondió. Todos nos acercamos a una mesa que había bajo una tienda de seda colocada en medio del campo. Los documentos estaban listos para su firma.

Prometí respetar a Enrique como mi rey, señor y soberano.

Enrique prometió nombrarme heredera del reino de Castilla y León y retirar la promesa que hizo a la reina Juana de dejar el trono a su hija.

Después, el rey me prometió varias ciudades y sus rentas e impuestos. He de recibir incluso Toledo, pero dentro de un año, cuando él esté seguro de que cumplo mi parte del trato.

Y ésta es la cuarta promesa: Enrique no puede obligarme a casarme en contra de mi voluntad, y yo accedí a no casarme sin su aprobación.

La ceremonia prosiguió. Representantes del clero, la nobleza y el pueblo llano dieron un paso al frente, hicieron una reverencia y besaron mi mano tres veces, gesto que simboliza su lealtad. El nuncio papal pronunció una bendición, sonaron las trompetas, todo el mundo lanzó vítores y, por fin, Carrillo se inclinó para besar la mano del rey. Y éste, como es Enrique, sonrió al arzobispo y le hizo un gesto para que se incorporara.

Así que todo ha terminado felizmente. Espero que dure.

Cadalso de los Vidrios, 20 de septiembre de 1468

Estamos en el campamento de Enrique para celebrar nuestra reconciliación y el final de la guerra civil. No había visto a mi hermanastro así desde hacía mucho tiempo. Un buey se está asando en un enorme espetón, y hay juglares danzando entre la multitud. La gente canta y baila y me piden que me una a ellos, cosa que haré. Es como si los tiempos infelices del pasado se hubieran olvidado.

Pero no todo el mundo está contento. Ayer, después de la ceremonia, el arzobispo Carrillo, con aspecto cansado y abatido, anunció que regresaba a su finca de Yepes, al sur de Toledo. Antes de marcharse me dio un serio aviso:

—No creo que el rey Enrique cumpla su palabra. A la primera oportunidad, anulará este compromiso y confirmará como heredera a su hija Juana.

—Os equivocáis —dije con firmeza—. Mi hermano lo ha jurado.

El arzobispo se encogió de hombros.

—Sé que no me creéis, doña Isabel. Pero ya lo veréis. Por último —prosiguió, con aire cansado—, debéis comprender que ahora es muy importante que contraigáis matrimonio. Cuanto antes, mejor.

—¿Y con quién debería casarme, excelencia? —pregunté, aunque conocía la respuesta.

—Con Fernando, rey de Sicilia y heredero de Aragón —respondió sin vacilar.

117

Ocaña, 1 de octubre de 1468

A instancias de Enrique, me he trasladado de nuevo, esta vez a Ocaña, que está al sur de Toledo, pasado el río Tajo. No me atreví a poner objeciones porque Enrique ha establecido aquí su corte y ha prometido convocar a los grandes para que me juren formalmente como heredera.

He tenido que dejar a mi querida madre en Arévalo, y también a Ana, a quien mi madre ha cogido mucho cariño. Ana toca para ella y, a veces, mi madre la confunde conmigo.

Al menos mi vieja aya, Clara, está conmigo. El sobrino de su esposo es Gutiérrez de Cárdenas, en cuyo hermoso palacio nos alojamos. Su esposa, Leonor, es ahora una de mis damas de honor. Es una mujer ingeniosa y hábil que me recuerda a Beatriz. Cárdenas es un hombre bueno e inteligente que hace reverencias, sonríe y finge ser leal a Enrique. Bajo las sonrisas hay un rebelde que quiere ver a mi hermanastro destronado.

Nos encontramos a tan sólo medio día de viaje de la finca del arzobispo Carrillo en Yepes, pero el Toro está inquieto porque no he seguido sus deseos, y no ha venido a visitarme.

Ocaña, 9 de octubre de 1468

¡Todo esto es obra de Pacheco! Me ha rodeado de espías, criados de palacio a los que ha sobornado: el guardia de la puerta, la criada que limpia las bacinillas, el pinche de cocina, y quién sabe quién más.

Clara está de acuerdo.

—Confiad en Carrillo para que os ayude. Me he enterado por mis criadas de que el arzobispo también ha puesto espías aquí, en el palacio de mi sobrino. ¡Los espías espían a otros espías!

Hace tres semanas, firmamos el compromiso de Toros de Guisando, pero aún se libran batallas, sólo que ahora se hace en secreto, bajo mano.

Ocaña, 25 de octubre de 1468

¡Qué alboroto! Esta mañana un criado ha encontrado un cartel clavado en las puertas de palacio que dice:

«El compromiso de Toros de Guisando es ilegal. La princesa Juana es la legítima heredera del rey Enrique. Este aviso ha sido distribuido por todo el reino.»

Inmediatamente he enviado un mensaje a Enrique, pero el rey se ha ido de caza y ha dejado aquí a Pacheco, a cargo de todo.

Ocaña, 30 de octubre de 1468

Ahora ya sé quién está detrás de los carteles: ¡la reina Juana! La historia ha corrido de boca en boca tantas veces que en parte puede que no sea cierta. Pero con la reina Juana todo es posible. La historia que cuentan es ésta:

Cuando la reina se enteró del compromiso de Toros, tuvo uno de sus famosos ataques de furia. A pesar de estar encinta, la reina tuvo la osadía de huir del castillo del obispo Fonseca. A pocas semanas del parto, hizo que sus criados la descendieran en una cesta por una ventana. Las cuerdas se rompieron y la cesta se estrelló contra el suelo, pero la reina salió ilesa y huyó a casa de un noble que simpatiza con su causa. Este grande y su amigo son responsables del cartel.

El astuto Pacheco me dice que no me preocupe. Tiene un plan, pero aún no quiere contármelo.

Ocaña, 2 de noviembre de 1468

Estoy tan enojada que apenas puedo escribir.

Éste es el plan de Pacheco: primero he de casarme con el Escorpión, luego mi sobrina Juana tiene que casarse con su hijo, el príncipe Juan de Portugal. Luego, si tengo un hijo varón, éste heredará el trono. Pero si no lo tengo y mi sobrina sí, entonces su hijo será el próximo rey de Castilla. Lo que el Zorro no menciona es que cuando yo esté casada con el rey portugués, él podrá casar a su querida hija con Fernando de Aragón.

—El rey Enrique ha aprobado el plan —me dijo Pacheco, haciendo una reverencia—. Por orden suya he escrito al rey de Portugal para comunicarle vuestro interés en casaros con él. Le he instado a que envíe sus embajadores lo antes posible para arreglar el asunto. —El Zorro sonrió con falsedad, mostrando sus dientecitos—. Estoy seguro de que mi señora princesa estará encantada de tener solucionado este importante asunto de una vez por todas.

Me han entrado ganas de darle una bofetada.

Ahora me doy cuenta de cuánta razón tenía el arzobispo Carrillo. Sus predicciones se han cumplido.

En cuanto el despreciable Zorro se ha marchado, he enviado un mensaje urgente al arzobispo, en el que le rogaba humildemente su perdón y le pedía que me permitiera reunirme con él.

Ocaña, 12 de noviembre de 1468

Los buenos sentimientos que creí ver crecer entre mi hermanastro y yo hace dos meses se han vuelto completamente agrios. Las ciudades que me prometió no me han sido entregadas. Sin rentas ni impuestos, no tengo dinero para montar mi casa, ni para contratar criados o hacer alguna de las cosas a que, como futura princesa de Asturias, tengo derecho. De modo que sus promesas no significan nada.

Ahora ha roto su palabra e intenta obligarme a que me case con el Escorpión. Pero estoy decidida a no hacerlo, por mucho que lo ordene Enrique.

¡Ah, necesito tanto el consejo de Carrillo! Aunque me diga:

«Ya os lo avisé.»

Ocaña, 17 de noviembre de 1468

Leonor me trae noticias, de las que se enteró por su esposo, Cárdenas: la reina Juana ha tenido un hijo que no es de Enrique, su segundo hijo en tales circunstancias, si el rumor sobre la Beltraneja es cierto. También ha logrado enfurecer a todo el mundo con sus indignantes exigencias, incluso al noble caballero que la apoyó. Ahora no tiene a nadie a su lado, y el estúpido plan de matrimonio del Zorro para mi sobrina ha sido anulado.

Ocaña, 29 de noviembre de 1468

El plan de Pacheco para mi sobrina tal vez haya fracasado, pero el embajador de Portugal y el obispo de Lisboa acaban de llegar para ocuparse de mi compromiso con el Escorpión. Y hace sólo unos días que el embajador de Aragón, Pierres de Peralta, visitó al arzobispo Carrillo en Yepes, para confirmar sus planes de mi matrimonio con el rey de Sicilia, Fernando. Todo esto es demasiado.

Carrillo, informado de la llegada de la embajada portuguesa por sus espías, me envió un mensaje redactado con mucho esmero, que entiendo es una invitación para ir a visitarlo. Leonor se ocupa de prepararme un disfraz para que pueda ir hasta Yepes de incógnito, y saldré hacia allí en cuanto ella me diga que todo está listo. Esta vez haré lo que el arzobispo me aconseje.

Yepes, 6 de diciembre de 1468
Castillo de Carrillo

Soplaba un fuerte viento cuando mi séquito, disfrazados todos de juglares, salió de Ocaña esta mañana muy temprano hacia Yepes. Yo llevaba una cítara que me había prestado Leonor. Pronto nos vimos envueltos en remolinos de nieve. Estábamos ateridos de frío, incapaz yo de tocar una sola melodía, cuando llegamos a las puertas de esta imponente fortaleza.

El arzobispo me saludó cordialmente, como si no hubiera existido ningún desacuerdo entre nosotros, y me llevó a la amplia estancia que es su biblioteca.

En una pared cuelga un retrato suyo vestido con el espléndido ropaje de arzobispo, tocado con una mitra con joyas incrustadas, y una enorme cruz de oro en la mano. Cerca del retrato se encuentra esta cruz. Mientras me calentaba junto a un brasero de latón, el arzobispo envió a buscar un jarro de vino caliente con especias.

Sin aguardar a que trajeran el vino, empecé a vaciar lo que llevaba en mi corazón.

—Teníais razón, excelencia —confesé—. Teníais razón con respecto a Enrique y las promesas que me hizo en Toros de Guisando. Las ha incumplido todas.

El arzobispo me cogió la mano.

—Lamento decir, doña Isabel, que yo nunca he confiado en el rey, ni en Toros de Guisando; ni confío en él ahora. Debemos hacer todo lo que podamos para asegurar que seáis vos la única y legítima heredera del trono.

Tenía ganas de llorar, pero hice esfuerzos para no mostrar lo que se considera «debilidad femenina».

—¿Qué debo hacer? —pregunté.

—Mañana hablaremos de ello, cuando hayáis tomado una buena comida y disfrutado de un merecido descanso nocturno.

Yepes, 7 de diciembre de 1468

La tormenta sigue rugiendo a nuestro alrededor y no podemos regresar a Ocaña hasta que remita. Esta mañana, el arzobispo me volvió a invitar a su biblioteca. Yo esperaba que hablaríamos de mi compromiso con Fernando, pero el arzobispo tenía otras cosas en la cabeza. ¡Una lección de geografía!

Había un mapa desplegado sobre la mesa.

—He estado estudiando el mundo —dijo, sonriendo—. Mirad aquí, doña Isabel. Al Este, la gran extensión de Asia, las Indias, de donde vienen las especias que tanto os gustan. Al Sur, el reino nazarí de Granada, y África, de donde nos trae oro vuestro pretendiente, el rey de Portugal. Al Oeste, el Océano. Más allá, *Terra Incognita*, la tierra desconocida.

—¿Creéis que hay tierras desconocidas más allá del Océano? —pregunté con incredulidad.

—Eso creo. Y también creo que Dios desea que encontremos esas tierras y las reclamemos en Su Nombre. ¡Podríamos encontrar más oro, joyas y tesoros de los que podemos imaginar! ¡Y todas esas almas que aún no han oído Su Palabra! Sólo necesitaríamos uno o dos barcos y unos cuantos marinos lo bastante valientes para emprender viaje.

»Veréis, doña Isabel, el mundo no es plano, como este mapa, sino redondo como una pelota.

El obispo cogió una granada de un frutero que había sobre la mesa. Luego, cogió una pluma, la mojó en el tintero y se puso a dibujar en la piel de la fruta. Yo lo observaba, llena de curiosidad.

—Esto es Castilla —señaló un punto de la granada— y esto es el Océano. ¡Y aquí —dio la vuelta a la fruta— hay un nuevo mundo!

Eso no tenía sentido para mí.

—Pero siempre he oído decir que la Tierra es plana —dije.

—Los sabios ya no lo creen. La Tierra es redonda, como esta granada. Un barco que zarpe hacia el Oeste a la larga llegará al Este. —Lo demostró con su pluma—. Si fuera más joven, doña Isabel, buscaría la manera de demostrarlo. Quizá cuando seáis reina, este tema os interesará más.

—Pero nunca seré reina, a menos que resolvamos el problema de encontrar un marido adecuado para mí —repliqué.

—Debéis hacer lo que yo os aconseje. —Dejó la granada manchada de tinta en el frutero y dijo con firmeza—: Regresad a Ocaña. Sonreíd y adulad, fingid estar de acuerdo, pero sin prometer nada, mientras yo busco la manera de que os caséis con Fernando. —Sonrió—. Doña Isabel, ¿os gustaría jugar una partida de ajedrez?

Antes de que la tormenta amainara, él había ganado la primera partida, yo la segunda y estábamos jugando la tercera.

Ocaña, 9 de diciembre de 1468

¡Todo blanco, todo puro! Hoy, en nuestro viaje de regreso, me he sentido tan inspirada por la belleza de un mundo transformado por la nieve, que curvaba las ramas de los árboles y blanqueaba los muros y los torreones, que he decidido buscar mis plumas y el tintero y dibujar la gloriosa nueva creación de Dios.

Ocaña, 11 de diciembre de 1468

El verano pasado, mis damas de honor se quejaban del calor cuando yo deseaba salir a dibujar. ¡Ahora no quieren moverse a causa del frío! Todas salvo Leonor, que se abriga y parece feliz de estar lejos de palacio y al aire libre.

¡Pero mis dibujos son horribles! Lo atribuyo a mis dedos torpes, ateridos de frío. Leonor admira mi obra, pero dice que quizá debería esperar a la primavera.

Ocaña, 16 de diciembre de 1468

Anoche recibí una visita secreta del embajador del rey Juan, Pierres de Peralta. Era una misión peligrosa. Aguardó en la otra orilla del río hasta que pudo cruzar protegido por la oscuridad. Pero su pequeño bote estuvo a punto de ser arrastrado por la fuerte corriente. El esposo de Clara, Gonzalo Chacón, y su sobrino, Cárdenas, se reunieron con el embajador en la orilla y lo condujeron a palacio. Lo hicieron entrar por el patio de armas y subir a mis aposentos, donde las cortinas estaban corridas y había una sola vela encendida. Allí lo esperaba yo.

El embajador, empapado y temblando, me besó la mano. Clara le trajo una manta y nos sentamos a una mesita, donde hablamos en susurros.

—Estimada princesa Isabel —dijo Peralta—, ¿es vuestro deseo casaros con Fernando, príncipe de Aragón y rey de Sicilia?

—Lo es, señor embajador —respondí—. Ha de ser el príncipe Fernando y no otro.

—Entonces, señora, podéis estar segura —dijo Peralta— de que vuestros amigos de confianza y yo —se refería a Carrillo, Cárdenas y Chacón— haremos todo lo que podamos para que vuestro compromiso con Fernando sea una realidad.

Le di las gracias de todo corazón por ello.

—Entretanto, doña Isabel —añadió—, debéis seguir comportándoos con el embajador de Portugal y el obispo de Lisboa como si pensarais en serio casaros con su rey.

Mis visitantes se marcharon con tanto sigilo como habían llegado.

Mañana saldré a escena. Jamás en mi vida había tenido que interpretar semejante papel.

Ocaña, 21 de diciembre de 1468

Cada mañana, me pongo un vestido de terciopelo, me recojo el cabello en una redecilla dorada y me preparo para sonreír con dulzura al embajador portugués y a su obispo. Por dentro, estoy que trino. ¡Tengo ganas de gritar! Pero me he convertido en una gran actriz, lo cual me sorprende mucho.

Todo esto para encontrar la manera de casarme con un hombre del que aún no sé casi nada.

Ocaña, 24 de diciembre de 1468

Leonor está ocupada preparando un gran banquete para celebrar el nacimiento del niño Jesús cuando termine el Adviento. Hoy es nuestra última noche de ayuno.

Los portugueses siguen aquí. Leonor dice que se están impacientando, que están cansados de esperar mi respuesta.

—Mi esposo les dice: «Las doncellas de Castilla son modestas. Esperan que la decisión de su boda la tomen sus mayores» —me dijo Leonor entre risas.

—Pero eso es cierto —dije yo mientras la acompañaba a inspeccionar el jabalí que estaban asando para el banquete de mañana—. ¿No esperasteis vos a que vuestro padre os eligiera esposo?

—Él creía que lo hacía. Pero yo ya había decidido casarme con Gutiérrez.

Cuando habla así me recuerda a Beatriz.

Ocaña, 25 de diciembre de 1468

El arzobispo Carrillo ha venido a oficiar la Misa de Navidad. El rey Enrique se ha reunido con nosotros y hemos celebrado un banquete, cantando y bailando como si no pasara nada. Al menos durante el día de hoy parecíamos más hermanos que hermanastros enfrentados, como debería ser. Espero que lleguemos a una reconciliación plena.

Ocaña, 28 de diciembre de 1468

¡Mal! ¡Mal! ¡Mal! ¿Y a qué espías debo echar la culpa?

Enrique se ha enterado de alguna manera, tal vez a través del sibilino Pacheco, de mi intención de casarme con Fernando. Envió a uno de sus hombres a amenazarme con prenderme si no le dejo tomar la decisión de encontrarme esposo. Después, dijo a los embajadores portugueses que podían llevarme a Lisboa con ellos.

Por último, Enrique ha jurado que me encerraría en el alcázar de Toledo si seguía desafiándolo, pero no lo hará, porque sabe que Carrillo enviaría tropas para protegerme.

Ocaña, 6 de enero de 1469
Día de Reyes

Los embajadores portugueses se rindieron por fin y se volvieron a casa... sin mí.

Día y noche estoy intranquila, preocupada por mi decisión de desafiar al rey Enrique.

Peor: recuerdo que, el año pasado por estas fechas, mi hermano Alfonso estaba con nosotros en Arévalo. Me regaló un rosario con cuentas de marfil que utilizo cada día. Ahora ya no está, y mi vida ha cambiado más de lo que habría podido imaginar.

Ocaña, 13 de febrero de 1469

El siete de enero se firmaron mediante embajadores los papeles del compromiso matrimonial. Voy a casarme con Fernando. Todo es oficial pero secreto.

Antes de salir de mis aposentos para regresar al castillo de Carrillo, el embajador de Aragón me pidió que escribiera una carta al príncipe Fernando. Él se la llevará a Valencia. Por si algún espía interceptaba la carta, he ido con el máximo cuidado al redactar esta primera misiva a mi prometido:

«A mi señor, el rey de Sicilia. Como el embajador viaja hacia vos, no es necesario que escriba más, salvo para disculparme por el retraso de mi respuesta. Él os explicará la razón y comprenderéis.»

Dudé unos instantes antes de añadir la última línea: «De la mano que cumplirá vuestras órdenes.»

Y he firmado: «La princesa.»

El embajador Peralta deslizó la carta entre los pliegues de su capa, se despidió y salió a la negra noche. Mañana regresa a Aragón.

Ahora no puedo hacer nada más que esperar.

Ocaña, 6 de marzo de 1469

Sigo esperando. No he recibido noticia alguna de Aragón.

Estoy bordando una pequeña escena religiosa para celebrar el aniversario del bautismo de mi ahijado Rodrigo, que dentro de unas semanas cumplirá un año. Beatriz me ha escrito para decirme que el niño goza de buena salud, está contento y empieza a andar. ¡Tengo tantas ganas de poder escribir yo también estas felices noticias!

Ocaña, 8 de abril de 1469

Dentro de dos semanas cumpliré dieciocho años. El tiempo transcurre excesivamente despacio. Estoy muy cansada de que espíen todos y cada uno de mis movimientos y de que éstos sean comunicados al Zorro, que se los transmite a Enrique.

Ocaña, 22 de abril de 1469

Beatriz me ha visitado con motivo de mi cumpleaños. El pequeño Rodrigo da sus primeros pasos junto a su madre. Cuando me vio, me sonrió y me tendió sus regordetes brazos. Es imposible resistirse a él.

Al principio, dudé en contarle a mi querida amiga mis planes de matrimonio, porque su esposo es uno de los más íntimos partidarios de Enrique. Al final, confié en que su lealtad hacia mí sellaría sus labios.

—¿Aún escribís en aquel libro? —me preguntó, y cuando le respondí que sí, me dijo—: Entonces, copiad este mensaje en sus páginas. —Y me dio una nota que dice así:

Mi querida doña Isabel,

Con motivo de vuestro decimoctavo cumpleaños, es mi profundo deseo que vuestros días estén llenos de acontecimientos felices en vuestra nueva vida como esposa y futura reina.

Vuestra amantísima amiga y fiel sierva,

Beatriz de Bobadilla y Cabrera

Ocaña, 2 de mayo de 1469

¡Al fin! Un mensaje del rey Juan, que me ha pasado a escondidas el embajador Peralta, a través de Carrillo, por mediación de Chacón. Estos hombres tienen mi futuro en sus manos, mientras el rey Enrique, el León, ruge frente a mi puerta.

Están redactando el contrato matrimonial. Carrillo ha pedido un regalo de bodas enorme para mí.

—Es porque Castilla es mucho más grande y más rica que Aragón —me ha explicado Chacón—. En una unión entre ambos reinos, la futura reina de Castilla debe estar por encima.

Dice que el rey Juan ha accedido a la petición. Voy a recibir cuarenta mil florines de oro como regalo de compromiso, así como rentas e impuestos de cierto número de ricas ciudades de Aragón y Sicilia, y otros cien mil florines de oro cuando el matrimonio se haya hecho efectivo.

El príncipe Fernando me enviará un collar de oro y rubíes, que había pertenecido a su madre, tasado en cuarenta mil florines de oro.

—¿Y yo? —le pregunté a Clara—. ¿Qué debo darle a cambio?

Clara se echó a reír.

—¡Vos misma, doña Isabel! —dijo con alegría—. ¡Vos misma sois el regalo!

—Que no es poco —terció Chacón. Es un hombre serio, y yo sabía que estaba pensando en mi posición como futura reina—. La cuestión es cuándo recibiréis el regalo de bodas. El rey Juan se niega a enviarlo hasta que estéis libre del control de Enrique. Hasta entonces, podría ser que de pronto os encontrarais casada con el portugués. O con el francés.

—¿El francés? —Esto me cogió completamente por sorpresa—. ¿Qué es eso del francés?

Chacón miró a su mujer, que negó con la cabeza, y luego a mí de nuevo:

—Tenéis otro pretendiente. Carlos, duque de Berry, hermano del rey de Francia, quiere casarse con vos. El embajador francés llegó hace dos días para reunirse con Enrique.

De modo que debo seguir actuando. Me pregunto cuándo recibiré el collar de rubíes.

Ocaña, 5 de mayo de 1469

El rey Enrique ha enviado a buscarme esta mañana. Temiendo que me convocaba para hablar de la propuesta del duque de Guyena, yo me encontraba, como es natural, muy intranquila. No había visto a mi hermano desde Navidad, cuando se comportó con mucha cordialidad. ¡Pero tres días más tarde amenazó con encarcelarme!

Cuando me presenté, él estaba sentado a una mesa cortándose las uñas con una pequeña navaja de plata. Sin dejar de mirarla, me incliné para besarle la mano. Como de costumbre, me hizo señas de que no lo hiciera. Pero no sonreía.

—Doña Isabel —empezó a decir con cautela—, dentro de dos días debo llevar mis tropas a Andalucía. Se está fraguando una rebelión en el Sur. Estaré fuera por lo menos un mes, quizá más. Juradme ahora que no os marcharéis de Ocaña, y que no haréis planes de matrimonio en mi ausencia. Cuando regrese, me ocuparé de buscaros un marido que os convenga. ¿Lo juráis?

Enrique me miraba con atención, esperando mi respuesta. Lo pensé unos instantes: ya había hecho mis planes de matrimonio, por lo tanto no haría ninguno en su ausencia. Era una diferencia leve, pero no juraría en falso.

—Os doy mi palabra de honor, señor —dije.

—Bien —dijo él, y siguió cortándose las uñas.

Me retiré a mis aposentos sin que me dijera nada del pretendiente francés.

Ocaña, 9 de mayo de 1469

Hace dos días, observé a Enrique y sus tropas dirigirse hacia el Sur, en dirección a Córdoba. Hoy, el embajador de Francia se ha presentado formalmente con la propuesta del duque de Guyena. Llevaba las mejillas empolvadas y pintadas con colorete, y antes de que entrara en mis aposentos ya olí su espantoso perfume. Realmente no me gustan las costumbres de los franceses.

Lo saludé con una falsa sonrisa. Lo tranquilicé diciéndole que la oferta de matrimonio del duque me adulaba, y le prometí pensar en ello.

—Espero que Dios me indique Su Voluntad —dije.

Luego, suspiré y bajé la mirada.

—Pero, como sabéis, *monsieur* embajador —expliqué—, no puedo hacer nada sin el consejo de los grandes y el consentimiento de mi hermano, el rey, que está ausente.

¿Y qué podía responder el francés a eso? Nada en absoluto. Cada vez soy más hábil diciendo «tal vez» de un modo que podría tomarse por un sí cuando en realidad quiero decir no.

Ocaña, 24 de mayo de 1469

En cuanto el embajador de Francia se hubo marchado, envié un mensaje a Carrillo en el que le rogaba que viniera a verme. Sabía que nadie se atrevería a volver la cara al arzobispo, en especial si llegaba a palacio vestido de caballero y acompañado por unos doscientos soldados, como efectivamente ha hecho hoy.

Como hace buen tiempo, nos reunimos al aire libre, entre los árboles frutales.

—Sólo los pájaros nos pueden oír —dijo el arzobispo; al andar, la espada le tintineaba.

Le hablé de los juramentos que Enrique me había obligado a hacerle antes de partir, de la visita del embajador francés y de lo que había prometido a cada uno.

—Ah, sí, el duque de Guyena —rugió Carrillo—. Ya he enviado a uno de mis capellanes a investigar al hermano del rey francés.

—¿Y qué sabéis de él? Contadme, os lo ruego.

—El capellán me ha informado de que el duque es blando y pálido, tiene las piernas largas y delgadas y los ojos, llorosos. Es tan débil y ciego que necesita que alguien lo sostenga. Es lo opuesto a Fernando en todos los aspectos imaginables.

—¿Cuánto tiempo deberé seguir soportando esto? —protesté—. Deseo abandonar Ocaña para llevar a cabo mis planes de boda, y he prometido que no lo haré.

—Paciencia, doña Isabel —me aconsejó el arzobispo—. Debemos preparar vuestra huida de Ocaña con el mayor cuidado. Insisto en que tengamos al menos parte del regalo de compromiso del rey Juan antes de efectuar esa atrevida acción. El rey de Aragón, por su parte, se niega a enviar un solo florín hasta que vos estéis libre de Enrique. Por lo tanto, os ruego que tengáis paciencia mientras yo intento convencerlo.

—Lo intentaré, excelencia —prometí—. Pero ¿cuándo?

—Si huís ahora, Pacheco ordenará que los soldados os prendan. En el aspecto práctico, doña Isabel, necesitamos dinero para contratar soldados que os defiendan. Y persuadir a personas con poder para que os apoyen.

—¿Os referís a sobornarlas?

—Desde luego.

Sé que tiene razón y que debo escucharlo. Hacer caso omiso de sus consejos en el pasado se reveló un error. Pero no creo que pueda soportar permanecer aquí otro mes, otro día, otra hora rodeada de espías y de personas que me desean mal.

Ocaña, 2 de junio de 1469

Ha sido idea de Clara. ¡La ingeniosa Clara!

Cuando estábamos tranquilamente cosiendo camisas para entregar a los pobres, Clara dejó de mirar su labor y murmuró:

—En el aniversario de la muerte de vuestro hermano, el cinco de julio, ¿no tenéis intención de acompañar sus restos desde el convento de Arévalo hasta su sepultura final, en Ávila?

—Pero he dado mi palabra de no moverme de aquí, Clara —susurré, y miré alrededor por si alguien nos escuchaba. Milagrosamente, no había nadie presente, ¡al menos, nadie visible!

—Seguro que el rey no prohibiría este cometido, honrar a vuestro hermano —replicó, en un susurro también.

—Tenéis razón, Clara. Es mi deber.

Y así me he puesto a pensar, y a conspirar.

Ocaña, 8 de junio de 1469

Lo que voy a hacer es cometer traición, o al menos el rey Enrique lo verá como una traición. El pasado mes de septiembre, en Toros de Guisando, le juré obediencia. Hace tan sólo un mes, le di mi palabra de no abandonar Ocaña. Ahora, estoy a punto de romper ambas promesas. Mi razón es sencilla: no confío en él y no voy a seguir fingiendo que lo hago.

El plan es el siguiente: Cárdenas me avisará cuando todo esté listo. Viajaremos de noche, disfrazados. El arzobispo,ha pedido a su amigo el obispo de Burgos y a un pequeño grupo de grandes que me son fieles que me acompañen.

Chacón encabezará mi séquito. Clara ha rogado que le permitan ir también, pero su esposo lo ha prohibido. Agradezco su lealtad, pero temo que no podrá soportar las penalidades del largo y peligroso viaje. Además, necesito que se quede aquí.

Ocaña, 13 de junio de 1469

—A medianoche —me susurró Cárdenas a la hora de la cena.

Estoy lista, y también un poco nerviosa.

Madrigal, 18 de junio de 1469

¡Gracias a Dios, gracias a Dios, estoy a salvo! Jamás había tenido tanto miedo.

Voy a recapitular: partimos de Ocaña poco después de medianoche, disfrazados con toscos hábitos de monje. Clara prometió ocultar mi ausencia el máximo tiempo posible. Ella nos seguirá dentro de unos días, con mis vestidos y otras posesiones. En mis alforjas sólo llevaba este libro y el crucifijo de oro que me dio mi madre.

La clara luz de la luna nos permitía viajar con rapidez, aunque también nos mostraba a cualquier observador curioso. Rodeamos Toledo por el Sudoeste, y nos deteníamos a descansar unas horas en monasterios en los que Carrillo había dispuesto que pararíamos.

Al final del tercer día, nos tropezamos con una tropa de soldados. Procuré esconder mi cabello bajo la capucha del hábito de monje. Mientras nuestras mulas descansaban, los soldados le contaron al obispo que horas antes los caballeros de Enrique habían tomado la ciudad de Arévalo.

—Entonces no podemos ir allí —dijo el obispo cuando los soldados se hubieron ido.

Los demás estuvieron de acuerdo.

—La reina viuda —dije—. Debo averiguar dónde está mi señora madre antes de hacer cualquier otro plan.

Y a pesar de que me dolían todos los huesos, volví a montar e insté a mis acompañantes a seguir.

Espoleamos a nuestras mulas implacablemente. Hacia el alba, nos paramos en una iglesia no lejos de Arévalo, cuyas torres veíamos a lo lejos. El viejo fraile nos invitó a descansar y a compartir su sencilla comida de pan con queso. ¡Jamás un banquete me ha sabido mejor!

Con su voz cascada, el anciano fraile nos contó lo ocurrido.

—La reina viuda ha ido a Madrigal —dijo. Me miraba directamente a mí, aunque no me había reconocido—. Sus sirvientes la trajeron aquí cuando iban de camino. —Negó con la cabeza con aire triste—. Pobrecita, pobrecita —murmuró, dándose golpecitos en la cabeza, y supe que se refería a la locura de mi madre.

Pese a nuestro cansancio, reanudamos la marcha hasta Madrigal. Anoche entramos por las altas puertas de esta ciudad en la que nací.

Madrigal, 20 de junio de 1469

Me alojo en el castillo donde mi madre me alumbró. Ella está conmigo.

Cosa extraña, ha recuperado parte de la memoria; quizá porque ha vuelto a un lugar donde en otra época conoció la felicidad. Ayer nos reunimos y me reconoció. Esto me produce una gran alegría, aunque ella ha cambiado mucho; ha envejecido tanto que apenas la reconocí. Ana, mi doncella, estaba con ella, cosa que le agradezco.

También me produjo alegría encontrar aquí a Beatriz y a Rodrigo, sanos y salvos. Tras abrazarnos, comenté:

—¡Qué placer poder hablar libremente sin espías acechando en todos los rincones! Primero en Segovia y después en Ocaña, he sido prisionera de Enrique y he jurado que jamás volveré a serlo.

Beatriz, franca como siempre, dijo:

—Aún no sois la esposa de Fernando. Puede haber más intentos para impedir este matrimonio. Quizá sea hora de que vos empleéis espías.

—¿Habéis pensado en alguien? —pregunté.

—Desde luego —dijo; en sus ojos brillaba el destello de siempre.

Sé en quién piensa, pero aún no sé cómo contestarle.

Ávila, 30 de junio de 1469

Una vez que hube descansado y recuperado fuerzas, mi madre y yo nos trasladamos a Ávila, a cuya catedral hemos llevado los restos de Alfonso.

Clara se ha reunido hoy con nosotras; los ojos se le llenaron de lágrimas al vernos a todas a salvo, igual que a nosotras al verla a ella. Nos dijo que, cuando en Ocaña se tuvo noticia de mi huida, el Zorro montó en cólera y se puso a gritar: «¡Lo veis! ¡Ahora doña Isabel ha mostrado su mano y revelado sus verdaderas intenciones! ¡Ha cometido traición contra la corona!»

—Envió de inmediato un mensajero a Enrique —prosiguió Clara— para pedir que le permitiera enviar tropas para prenderos.

Yo noté que palidecía.

—No he oído nada —dije—. ¿Conocéis la respuesta de mi hermano?

—«Dejadla de momento.» Es todo lo que dijo. Eso enojó a Pacheco, pero tuvo que obedecer.

—De momento —repetí—. Eso significa que habrá problemas más adelante.

—Y por eso —terció Beatriz, que estaba escuchando— debéis tener espías, doña Isabel.

—Sí, Isabel, debes tenerlos —repitió mi madre, dejándonos atónitas a todas.

Ávila, 5 de julio de 1469

Al lento redoble de los tambores y al toque a difuntos de las campanas, el ataúd de Alfonso, rey de Castilla, ha sido depositado en su sepultura. Mi madre, de luto, ha exhalado un profundo suspiro que parecía brotarle del alma misma. Se ha desplomado, sin sentido, en el suelo de piedra de la catedral. Sólo la rápida intervención de Ana la ha salvado de lastimarse.

Aunque la hemos reanimado enseguida, los intervalos de razón que yo había presenciado durante los últimos días han desaparecido. Mi madre ya no recuerda quién soy.

Madrigal, 24 de julio de 1469

Con la esperanza de que la ciudad que me vio nacer sea un lugar seguro donde aguardar noticias de Fernando y del rey Juan, he regresado aquí con mi madre. También esperaba que este lugar me ayudara a curar su mente y su espíritu desquiciados. No ha sucedido ninguna de ambas cosas.

Quien sí llegó, sólo días después de que hubiera desempaquetado mis pertenencias, fue el embajador francés. ¡Enrique lo envió! Y mientras yo repetía mis frases vacías y esbozaba mis falsas sonrisas ante *monsieur* el embajador, me enteré de que Enrique ha ordenado al consejo de la ciudad que me retenga aquí por la fuerza.

Entretanto, Beatriz y Clara, ahora empleadas por mí como «espías», anunciaron en voz alta a todo el que pudiera oírlo que se oponen a mi unión con el príncipe de Aragón y que ya no desean estar a mi servicio. Con grandes y ostentosas muestras de desagrado, se marcharon a Coca, al castillo del arzobispo Fonseca. El castillo de Fonseca debe de ser un hervidero de intrigas; allí es donde la reina Juana encontró el amor hace un año.

Madrigal, 29 de julio de 1469

Fonseca se está preparando para enviar aquí a sus caballeros a prenderme. Ha recibido esta orden del Zorro.

Esto me lo comunicaron hoy Beatriz y Clara, que ya han regresado de Coca. En cuanto llegaron, se precipitaron a mis aposentos, sonrojadas por la excitación.

—Basta de espiar —dijo Clara entre jadeos, dejándose caer sobre un banco.

Ha enviado un mensaje a Cárdenas, que irá a buscar la ayuda del arzobispo Carrillo.

—Me parece que le gustaba hasta que se ha dado cuenta del peligro —me ha confiado Beatriz. A ella el peligro nunca la había preocupado.

Ahora debo esperar a que lleguen noticias de mi liberación o de mi encarcelamiento. Y el perfumado francés no se marchará. Qué semana tan terrible.

Madrigal, 2 de agosto de 1469

Mientras escribo esto, luzco un magnífico collar de oro con un rubí grande como un huevo de gallina y rojo como la sangre, rodeado de perlas y otros rubíes más pequeños. El collar perteneció a la madre del príncipe Fernando y, antes que a ella, a las reinas de Aragón. Ha llegado antes del amanecer; lo ha traído un mensajero disfrazado de mendigo. También me ha entregado ocho mil florines de oro. El «mendigo» me ha informado de que el arzobispo Carrillo está de camino con seiscientos caballeros para rescatarme.

Rezo para que llegue antes que el arzobispo Fonseca.

Valladolid, 9 de agosto de 1469

Contemplé desde una ventana del torreón al arzobispo Carrillo, con su capa escarlata, traspasar las puertas de la ciudad a la cabeza de su ejército. Cárdenas iba con él. Veía a lo lejos las nubes de polvo que levantaban el arzobispo Fonseca y sus soldados, que se aproximaban. Me puse de rodillas y di gracias a Dios por mi liberación. Luego, me apresuré a despedirme de mi madre, que me miró sin verme.

—Cántale, Ana —le pedí, y cuando me iba oí las notas quejumbrosas de mi cítara y la dulce voz de mi doncella.

Luciendo el collar de rubíes, monté un caballo que me aguardaba y me alejé con el arzobispo al son de los timbales y las trompetas.

Nuestro primer destino era Fontiveros, no lejos de Arévalo. En las puertas nos esperaban el alcalde y su consejo.

—No podemos permitir que entréis —dijo el alcalde, y los concejales asintieron con nerviosismo—. Tememos la ira del rey, si lo hacemos.

De modo que seguimos viaje hasta Ávila, donde sabíamos que seríamos bien recibidos.

Pero, ¡ay!, se había producido un nuevo brote de peste y, en las semanas transcurridas desde que salí de la ciudad, la situación había empeorado.

—Si cierran la ciudad, nos podemos quedar atrapados allí —dijo Carrillo.

—¿Adónde vamos, entonces? —pregunté, casi con lágrimas en los ojos.

—A Valladolid —respondió—. Al palacio de Juan de Vivero. Está casado con la hija de mi hermano, María de Acuña. Allí seguro que nos darán cobijo.

—Está muy lejos —me quejé.

Tendríamos que volver sobre nuestros pasos por caminos de tierra, cuyo polvo, levantado por los cascos de nuestras monturas, se metía en la garganta, para llegar hasta Arévalo y cruzar Medina del Campo.

—No tenemos elección, doña Isabel.

Y así llegamos a Valladolid, después de cabalgar una noche y un día. Llegamos media hora después de la puesta de sol y fuimos recibidos con gritos de júbilo por una multitud de grandes y de ciudadanos. Creo que jamás volveré a montar a caballo.

Valladolid, 8 de septiembre de 1469

Ya me he recuperado por completo, y también Beatriz, pero Clara aún anda con rigidez. Sin embargo, no se queja; ahora sólo habla de mi boda.

Durante varios días, he intentado redactar una carta para Enrique. He roto una docena de pergaminos sin conseguir expresar lo que quiero decir.

«Excelentísimo príncipe y poderoso rey y señor», he empezado. Para hacerle comprender por qué he hecho lo que he hecho, he repasado los acontecimientos del año pasado. Le he recordado las promesas que nos hicimos en Toros de Guisando. Quiero que apruebe mi matrimonio con Fernando, y me he esforzado todo lo posible para asegurarle que nuestra unión acrecentará la gloria de su reino.

He escrito páginas y páginas. Por fin, hace una hora, he puesto mi sello en la carta y la he enviado con un mensajero al rey, que está en Córdoba.

Valladolid, 9 de septiembre de 1469

Con gran secreto, de madrugada, bajo una luna llena, Cárdenas y Chacón han partido hoy hacia Aragón. Tienen órdenes de Carrillo de traer a Fernando a Castilla antes de que Enrique y Pacheco regresen de Córdoba.

Valladolid, 19 de septiembre de 1469

Malas noticias de Cárdenas. Todos los castillos a lo largo de la frontera que separa Aragón de Castilla y a Fernando de mí están en manos de hombres que apoyan a Enrique.

Beatriz, Clara y la sobrina de Carrillo, María de Acuña, conspiran para distraerme de mi desesperación. No hablan más que de la boda; de mi boda. Paseamos por el jardín, aún hace buen tiempo, y mis amigas hablan de mi vestido de novia. Clara cree que debería ser de damasco, pero Beatriz prefiere la simple seda bordada con joyas. María se pregunta cuántos venados se asarán y cuántos toneles de vino habrá que encargar.

¡Lo único que a mí me preocupa es que mi prometido llegue sano y salvo!

Valladolid, 1 de octubre de 1469

Las jugadas de esta partida de ajedrez son muy lentas. Imagino que ahora mi futuro esposo viene de camino hacia mí. E imagino que, al mismo tiempo, mi furioso hermanastro también está en camino.

Entretanto, Beatriz y Clara han organizado a mis damas de honor, ayudadas por costureras contratadas por María, para que cosan un nuevo ajuar para mí. Más de una docena de agujas vuelan desde las primeras luces del día hasta que las velas se apagan a medianoche. Yo coso con ellas, así el tiempo transcurre más deprisa. Todas han jurado guardar el secreto, pero estoy segura de que, en cuanto salgo de la estancia, las lenguas vuelan tan deprisa como las agujas.

Valladolid, 11 de octubre de 1469

¡Qué alivio! ¡Qué alegría!

Chacón y Cárdenas llegaron después de medianoche, cansados pero triunfantes. Me despertaron para que saludara a los viajeros. Ésta es la historia que contaron:

Cinco noches atrás, Fernando se disfrazó de mozo de mulas y partió con cinco amigos y un guía. Nadie, ninguno de nuestros enemigos, le prestó la más mínima atención al ir vestido con ropa tan humilde. En el camino vieron un buen presagio: un par de águilas que remontaban el vuelo.

El viaje fue largo, pero transcurrió sin incidentes, hasta que el grupo hubo cruzado las fronteras de Castilla.

—Y entonces —dijo Chacón—, hace tres noches, ocurrió algo terrible.

Chacón y Cárdenas, que se habían adelantado a Fernando y su séquito, se pararon a pasar la noche en el castillo del conde de Treviño. Como no esperaban que el príncipe llegara hasta el día siguiente, los dos viajeros se fueron a dormir. Nadie había avisado al guardia de que se esperaban más invitados. Cuando el príncipe y sus amigos se acercaron al castillo, el centinela dio la alarma y un guardia situado en el parapeto lanzó una roca, que por poco dio a Fernando. El alboroto despertó a Chacón, que gritó al guardia y despertó al conde.

—¡Qué noche! —exclamó Cárdenas, que retomó la historia—. Al despertar, el conde se precipitó a saludar al príncipe de Aragón con antorchas de cera y trompeteros. Éstos hicieron tanto ruido que nadie pudo dormir.

—¿Dónde está ahora el príncipe? —pregunté, aliviada.

—En la localidad de Dueñas, a un día de viaje de aquí. El arzobispo Carrillo está con él. Vendrá mañana.

Valladolid, 12 de octubre de 1469

Ya ha llegado, pero aún no lo he visto. Sin embargo, he firmado varios papeles, a petición de Carrillo, en los que el príncipe y yo prometemos honrar al arzobispo y gobernar aconsejados por él. Lo hago como una hija honra a su padre, pues el arzobispo en verdad ha sido un padre para mí.

En cuanto a mi hermanastro, todavía no he tenido noticias suyas. Y así, mientras espero reunirme con mi príncipe y futuro esposo, he escrito una vez más al rey Enrique, para rogarle que apruebe mi matrimonio.

Pero ¿cuándo veré a Fernando? Estoy demasiado agitada para comer.

Valladolid, 14 de octubre de 1469

¡Es él! ¡Es él! ¡Es todo lo que podría desear!

Escribo esto a las tres de la madrugada. Mi futuro esposo acaba de marcharse para regresar al castillo de Dueñas, donde permanecerá hasta el día de nuestra boda.

Ha llegado a medianoche con tres de sus amigos y ha entrado en palacio por una puerta lateral. Ataviada con un vestido nuevo de seda de color espliego, cosido por mis damas bajo la dirección de Clara, y luciendo el collar de rubíes que me regaló, lo esperaba en un aposento interior, iluminado por docenas de velas.

Jamás olvidaré el momento en que entró en la estancia, conducido por el arzobispo Carrillo. Cárdenas se inclinó hacia mí, nervioso, y exclamó:

—¡Es él!

Nos miramos fijamente unos instantes. Yo vi a un apuesto joven de estatura media y cabello castaño lacio, ojos inteligentes y boca que refleja bondad. Me gustó enseguida. Creo sinceramente que lo amaré.

Pasamos dos horas hablando. Me gusta su forma de pensar y de hablar. Tiene sentido del humor, autoridad e imaginación. No he necesitado dos horas para saber que he tomado la decisión correcta, para mí y para mi reino. Creo que si el arzobispo no hubiera estado presente, nos habríamos arrojado, imprudentemente, el uno en brazos del otro.

Después de que nuestras promesas de matrimonio fueran anotadas por un escribano, el príncipe Fernando se despidió... y se llevó mi corazón con él. Volverá dentro de cuatro días. Entretanto, todo el palacio es un hervidero mientras María de Acuña supervisa los preparativos de mi boda.

Valladolid, 18 de octubre de 1469
San Lucas

Fernando, príncipe de Aragón y rey de Sicilia, ha entrado hoy a caballo en la ciudad, elegantemente vestido y escoltado por treinta caballeros ricamente ataviados. Una multitud se ha congregado para vitorearlo, y ese sonido me ha llenado de regocijo.

Juan de Vivero y María han pasado los cuatro días preparándose para este acontecimiento, llenando el gran vestíbulo del castillo con hojas y flores aromáticas y centenares de velas. Cuando empezaba a oscurecer, el arzobispo Carrillo ha leído el acuerdo de matrimonio firmado por el príncipe Fernando y el rey Juan. Después, se ha celebrado un gran banquete para nuestros amigos y, cuando la fiesta ha terminado, mi querido príncipe ha regresado a Dueñas para pasar la noche.

Mañana nos casaremos. Esperamos que haya más de dos mil personas con nosotros, aparte de los grandes y clérigos que nos han ayudado y apoyado y de los muchos amigos que nos han animado durante estos largos y difíciles meses. Ni siquiera puedo empezar a nombrarlos a todos, pero debo mencionar en especial a Clara y a Beatriz, cuyo rostro resplandeciente me dice que vuelve a estar encinta.

Lo mejor de todo es que mi madre está aquí, acompañada por Ana. Me sonríe y me deja abrazarla, pero tiene la mirada perdida. Debo creer que su corazón lo entiende todo, aunque no su mente.

Después de intercambiar las promesas matrimoniales, el arzobispo oficiará una Misa y nos dará las bendiciones nupciales. Desde ese solemne momento, el día estará lleno de festejos de toda clase, un banquete que será compartido por todos, y cantos y bailes hasta altas horas de la noche. Luego, mi esposo y yo, su esposa, nos retiraremos a nuestro aposento nupcial.

Hace un momento, mientras escribía esto, Beatriz ha venido y me ha dicho:

—Bueno, doña Isabel, cuando seáis su esposa, ¿seguiréis anotando vuestros pensamientos en el libro?

No lo había pensado, pero debo tomar una decisión. Mi vida está a punto de cambiar por completo, y, por lo tanto, creo que es hora de que abandone este libro. Pero no escribiré «Fin», sino «El principio».

Epílogo

Durante los seis días y seis noches siguientes, mientras los invitados a la boda lo celebraban, la princesa Isabel y el príncipe Fernando se enamoraron aún más perdidamente. Los recién casados eran tan felices que casi se olvidaron de que tenían muy poco dinero, tan poco que tuvieron que pedir prestada una parte de sus galas nupciales. Durante un tiempo, también olvidaron que no habían recibido el permiso del rey Enrique para casarse.

Cuando Enrique se enteró de que Isabel había contraído matrimonio sin su consentimiento, se puso furioso. El rey le quitó una tras otra todas las ciudades que constituían la única fuente de ingresos de Isabel. Pero Fernando e Isabel estaban seguros de que algún día gobernarían en sus reinos.

Los primeros años de matrimonio fueron difíciles para Isabel y Fernando. Además de disponer de poco dinero, Fernando se vio obligado a ausentarse durante largos períodos de tiempo para ayudar a su padre o atender otros asuntos en el reino de Aragón.

Cuando el 2 de octubre de 1470, nació su primera hija, le pusieron por nombre Isabel. Aunque políticamente una hija tenía un gran valor, no era un varón, y ellos aún no eran más que los reyes de Sicilia. Probablemente, quien más se alegró del nacimiento de la niña fue el rey Enrique, que tras el matrimonio de la pareja confirmó a su hija Juana como heredera al trono.

Entonces, de pronto, el rey Enrique se puso gravemente enfermo y murió unos minutos antes de la medianoche, el 11 de diciembre de 1474. Los que se hallaban con él en sus últimos momentos le rogaron que nombrara heredero, pero él guardó silencio.

Cuando Isabel se enteró de la noticia, lloró por su hermanastro. Pero su viejo consejero Carrillo la convenció de que no había ni un instante que perder, si quería reclamar el trono, ni siquiera había tiempo para llamar a Fernando, que estaba en Aragón. Dos días después de la muerte del rey, en una ceremonia celebrada en la plaza Mayor de Segovia, el arzobispo Carrillo ciñó la corona de Castilla y León, adornada con piedras preciosas, en la cabeza de Isabel. La nueva reina lucía el collar de rubíes que Fernando le había regalado.

Cuando Fernando regresó a Castilla y se enteró de que Isabel había sido coronada reina en su ausencia, no se alegró de ser «rey consorte». Sin embargo, con el tiempo, la pareja forjó una verdadera unión dinástica que fue muy útil para ellos, así como para sus súbditos.

Había otro conflicto que Isabel tenía que resolver. El irascible arzobispo Carrillo no sabía cómo tratar a la princesa obediente que se había convertido en una reina de voluntad de hierro. En 1475, sintiendo que no había sido debidamente recompensado por la joven pareja por toda la ayuda que les había prestado, juró lealtad al rey Alfonso de Portugal. Éste, a quien Isabel había rechazado repetidamente, estaba prometido con su sobrina de trece años, la princesa Juana la Beltraneja. El monarca portugués declaró la guerra a Castilla para proteger los derechos de su sobrina, pero fue derrotado. El arzobispo Carrillo, por su parte, suplicó y obtuvo el perdón de Isabel.

No hubo reconciliación con la princesa Juana, que se hacía llamar «princesa de Castilla». La reina Isabel le ordenó que dejara de utilizar ese título y su sobrina se retiró a un convento, en Coimbra. Juana siempre creyó que Isabel le había arrebatado su derecho al trono. Hasta el día de su muerte, Juana firmó sus cartas como sigue: «Yo, la reina.»

En 1478, Fernando e Isabel tuvieron la alegría de ser padres de un varón, largo tiempo esperado. Lo llamaron Juan. Un año más tarde, nació una segunda hija, a la que pusieron por nombre Juana. En 1482 nació la tercera hija, María, y la última, Catalina, nació en 1485.

Pero, al parecer, la tragedia perseguía a los hijos de Isabel. Su primogénita murió al dar a luz, y su hijo falleció antes de su segundo cumpleaños. Juan falleció a los diecinueve años. Juana sucumbió a la locura. Catalina, recordada como Catalina de Aragón, fue la primera de las seis esposas del rey Enrique VIII de Inglaterra. Sólo María tuvo, al parecer, una vida feliz.

Aunque la reina Isabel y el rey Fernando obtuvieron muchos logros durante su largo reinado, se les recuerda en especial por su apoyo al osado navegante Cristóbal Colón.

La reina Isabel murió el 26 de noviembre de 1504, a la edad de cincuenta y tres años. A petición suya, su cuerpo fue cubierto con un hábito de monje franciscano, que ella creía le garantizaría la entrada en el Cielo. En la actualidad, sus restos mortales se encuentran en una sencilla sepultura en la capilla real de Granada. A su lado yace Fernando, que murió en 1516.

Notas históricas

A pesar de sus tragedias personales, el rey Fernando y la reina Isabel consiguieron unir sus reinos, que desde hacía muchos años se hallaban divididos por grupos que estaban en guerra, aunque hasta mucho más tarde no se conocieron oficialmente con el nombre de España.

Su principal objetivo era expulsar a los musulmanes, que habían llegado a la península ibérica en el año 711, al mando de Tarik ibn Zizad (Tarik el Tuerto), general bereber y gobernador de África del Norte. Los musulmanes llegaron a dominar casi toda la península ibérica, pero las principales ciudades se encontraban en el Sur. Llevaron consigo sus conocimientos de astronomía, agricultura y medicina, así como nuevas ideas sobre arte y arquitectura que se mezclaron con la cultura ibérica y la enriquecieron.

Pero los llamados moros (árabes, bereberes y otros norteafricanos) eran musulmanes, y durante ocho siglos los monarcas cristianos juraron liberar la península de aquellos «infieles», tanto musulmanes como judíos. Durante ese tiempo, todos los reyes peninsulares habían invertido buena parte de sus esfuerzos y riquezas en la lucha por recuperar el territorio perdido por los cristianos en favor de los musulmanes.

Isabel y Fernando juraron tener éxito en la empresa en la que todos los demás monarcas habían fracasado. En 1481 reanudaron la llamada Reconquista. Isabel planeaba las campañas y Fernando dirigía las tropas. Isabel tuvo que empeñar sus joyas, incluido el precioso collar de rubíes, para pagar esa «Guerra Santa». Uno tras otro recuperaron montañas, valles y ciudades, excepto la que más deseaban: Granada. Por fin, en enero de 1492, lo lograron. Granada era suya, habían ganado la Guerra Santa y la Reconquista se había completado.

1492 fue un año notable por otras razones. Seis años antes, un navegante llamado Cristóbal Colón había acudido a Fernando e Isabel con una idea: les propuso una nueva ruta para ir a Oriente, «llegar al Este navegando hacia el Oeste». Pero en 1486 los monarcas estaban en plena Guerra Santa y el hombre al que llamamos Cristóbal Colón tuvo que esperar cuatro meses para tener la oportunidad de ser recibido por ellos.

Cuando por fin Colón fue recibido por los soberanos, llevaba consigo un mapa del mundo que él mismo había dibujado y un plan llamado «Empresa de las Indias». En aquella época, la gente con mayor cultura creía que el mundo era redondo. Isabel y Fernando probablemente tenían globos terráqueos en sus bibliotecas. En realidad, hubo otros navegantes que tuvieron la misma idea: llegar a las Indias, ricas en especias, navegando hacia el Oeste.

Pero Colón no era como los demás. Tenía treinta y seis años, la misma edad que Isabel, y era tan encantador como ambicioso. Convenció a los monarcas de que le inspiraba la divina voluntad de Dios. El rey y la reina se dieron cuenta de que era una oportunidad para convertir a más paganos a la fe cristiana. Fernando e Isabel accedieron a pensar en su propuesta.

Durante seis frustrantes años, Colón esperó mientras Isabel consultaba a sus consejeros. Algunos de estos hombres cultos estaban dispuestos a creer que el ambicioso marinero podría llegar a Oriente navegando hacia el Oeste. Pero ¿cómo podría volver? Otros pensaban que los seres humanos sólo podían existir en ciertas zonas de la tierra, y sostenían que ya habían sido descubiertas. También estaba la cuestión del dinero. Enfrascados en la Reconquista, a los monarcas no les sobraba el oro.

Por fin, cuando Colón estaba a punto de rendirse y llevar sus ideas a los franceses o a los ingleses, Isabel lo llamó de nuevo a palacio y le prometió todo lo que él había pedido, incluidos un título y una participación en los beneficios.

El 3 de agosto de 1492, Colón zarpó con tres carabelas. El 12 de octubre avistaron tierra, no la costa de Asia, como creía él, sino San Salvador, en las Bahamas. Seis meses más tarde, en abril de 1493, Colón desembarca en Barcelona y se entrevista con los reyes. Lo recibieron con celebraciones y le concedieron regalos y privilegios especiales, así como un nuevo título: almirante del Océano.

En septiembre de 1493, el almirante Colón partió en un segundo viaje con diecisiete carabelas y mil quinientos hombres. Estableció una colonia en La Española (actualmente dividida entre Haití y la República Dominicana), pero aun así no encontró las riquezas que había prometido al rey y la reina. Su tercer viaje tuvo aún menos éxito, y su gobierno de la colonia produjo tal descontento que fue hecho prisionero y conducido a Castilla. La reina ordenó que lo liberaran, pero la fama de Colón quedó gravemente dañada.

En su cuarto y último viaje, Colón tuvo que invertir todo lo que tenía esta vez para navegar más allá de las islas y llegar al continente. Llegó a Honduras, donde él y sus hombres sufrieron terribles penalidades. Finalmente, fue rescatado y cruzó el mar Océano por última vez. Enfermo, sin dinero y descorazonado, Colón murió en 1506.

La reina Isabel, llamada «Madre de las Américas», es recordada como una visionaria que cambió el curso de la historia con los viajes de Cristóbal Colón. Pero también hay un lado oscuro en su reinado.

Fernando e Isabel eran devotos cristianos y se los conoce como «Los Reyes Católicos». Su fervor religioso les instó a apoyar la empresa de Colón, con la esperanza de convertir almas paganas al cristianismo, y también les llevó a expulsar a los musulmanes y judíos de sus reinos, aunque ambas comunidades habían contribuido en gran medida a la cultura y a la economía de dichos reinos.

Isabel creía que cualquiera que no aceptara plenamente la fe cristiana era culpable del pecado de herejía. Estaba convencida de que muchos conversos, judíos convertidos al cristianismo, eran falsos cristianos que sólo fingían ser creyentes. Isabel estaba decidida a purificar la Iglesia y a expulsar a los falsos cristianos o herejes. Para ello logró el establecimiento de la Inquisición en España, que tenía el poder de arrestar, acusar, juzgar y castigar a los acusados de herejía. El confesor de su infancia, Tomás de Torquemada, fue nombrado Inquisidor General.

Así empezó uno de los períodos más terribles de la historia humana. Cualquiera que fuese sospechoso de ser hereje podía ser arrestado. Los acusados no tenían forma de saber quién los acusaba, y eran culpables hasta demostrar su inocencia. Muchas personas fueron torturadas hasta que confesaron. Al juicio por herejía le seguía el auto de fe, ceremonia pública en la que el reo, declarado hereje, era ejecutado en una hoguera. Luego los inquisidores pronunciaban la sentencia. El castigo era la muerte.

Miles de conversos murieron durante esta espantosa época de persecuciones. Pero Fernando e Isabel no estaban satisfechos. El 31 de marzo de 1492, cuando Colón estaba preparando su primer viaje, el rey y la reina firmaron un edicto en el que daban a todos los judíos cuatro meses para bautizarse. Los que se negaran a ello, serían obligados a abandonar Castilla y Aragón. Algunos accedieron a ser bautizados, pero la mayoría huyeron. Este fenómeno se conoce como «la diáspora», término que proviene del griego y que significa «dispersión». Francia e Inglaterra se negaron a permitir que los judíos expulsados entraran en sus territorios. Muchos judíos fueron a Portugal, pero cuando allí se los obligó a convertirse, en 1497, regresaron a Castilla. Otros huyeron a Italia, Grecia y Turquía. Algunos ocultaron su identidad y más tarde partieron hacia el Nuevo Mundo.

Isabel creía sinceramente que cumplía la voluntad de Dios. Pero el duro tratamiento que infligió a los judíos, tanto practicantes como conversos, que supuso la muerte de miles de personas inocentes, ha dejado una mancha oscura en su reputación. Su historia de crueldad e intolerancia empaña el brillo de sus otros logros.

A pesar del doloroso legado de la Inquisición, la futura España se convirtió, a partir del reinado de los reyes Isabel y Fernando, en la nación políticamente más poderosa, así como en la más admirada y culta de la Europa occidental. A la muerte de ambos, durante más de un siglo, el arte y la literatura florecieron en lo que se denomina «el siglo de oro español».

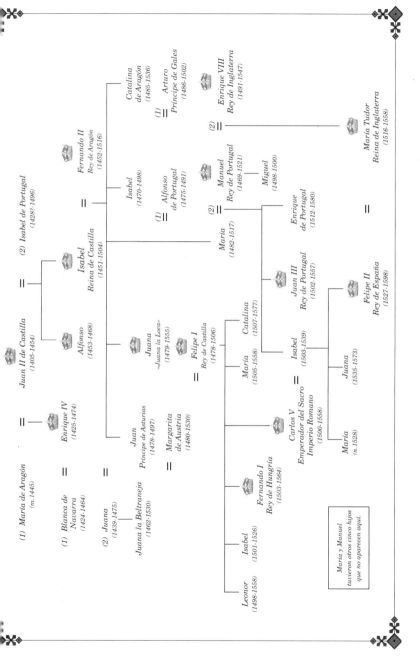

(1) *María de Aragón*
(m. 1445)

(1) *Blanca de Navarra*
(1424-1464)

Enrique IV
(1425-1474)

(2) *Juana*
(1439-1475)

Juana la Beltraneja
(1462-1530)

Juan II de Castilla
(1405-1454)

(2) *Isabel de Portugal*
(1428-1496)

Isabel
Reina de Castilla
(1451-1504)

Fernando II
Rey de Aragón
(1452-1516)

Alfonso
(1453-1468)

Catalina
de Aragón
(1485-1536)

(1) ==

Arturo
Príncipe de Gales
(1486-1502)

Enrique VIII
Rey de Inglaterra
(1491-1547)

(2) ==

María Tudor
Reina de Inglaterra
(1516-1558)

Isabel
(1470-1498)

(1) == Alfonso
de Portugal
(1475-1491)

(2) == Manuel
Rey de Portugal
(1469-1521)

Miguel
(1498-1500)

María
(1482-1517)

==

Enrique
de Portugal
(1512-1580)

Juan
Príncipe de Asturias
(1478-1497)

==

Margarita
de Austria
(1480-1530)

Juana
"Juana la Loca"
(1479-1555)

==

Felipe I
Rey de Castilla
(1478-1506)

María
(1505-1558)

Catalina
(1507-1577)

Juan III
Rey de Portugal
(1502-1557)

Isabel
(1503-1539)

==

Carlos V
Emperador del Sacro
Imperio Romano
(1500-1558)

Felipe II
Rey de España
(1527-1598)

Juana
(1535-1573)

==

María
(n. 1528)

Fernando I
Rey de Hungría
(1503-1564)

Isabel
(1501-1526)

Leonor
(1498-1558)

*María y Manuel
tuvieron otros cinco hijos
que no aparecen aquí.*

El árbol genealógico
castellano-aragonés

Isabel descendía de las casas reales de Portugal, Castilla e Inglaterra. Era la séptima generación de hijas que llevaban el nombre de Isabel, y que se remontaba a la reina portuguesa del siglo XIII que fue santa, santa Isabel. Su matrimonio con Fernando II de Aragón unió dinásticamente los reinos de Aragón y de Castilla y León. Su gobierno conjunto puso los cimientos de una España unida. El mapa genealógico ilustra el crecimiento de la monarquía desde el siglo XV y durante el siglo XVI. El símbolo de la corona señala los descendientes que llegaron a reinar. Las líneas dobles representan el matrimonio; las líneas simples indican paternidad. Se indican las fechas de nacimiento y fallecimiento cuando se dispone de ellas.

Juan II: subió al trono de Castilla en 1419, cuando tenía catorce años. En 1418 se casó con María de Aragón y, tras la muerte de ésta, contrajo matrimonio con Isabel, princesa de Portugal. Su reinado duró hasta su muerte en 1454.

Hijos de Juan II

Enrique IV: El único hijo de Juan II de Castilla y María de Aragón; subió al trono de Castilla y León en 1454, cuando tenía veintinueve años.

Isabel de Castilla: Primogénita de Juan II e Isabel de Portugal; se casó con Fernando, rey de Sicilia y heredero del trono de Aragón, en 1469, y subió al trono de Castilla y León en 1474. Gobernaron ambos reinos conjuntamente hasta su muerte, el 26 de noviembre de 1504.

Alfonso: Nació en 1454; fue el segundo hijo de Juan II e Isabel de Portugal. A los once años, los grandes de Castilla opuestos al rey Enrique IV lo proclamaron rey. Murió el 5 de julio de 1468, probablemente a causa de la peste.

Hijos de Isabel y Fernando II

Isabel: Primogénita de Isabel y Fernando; en 1490 se casó con Alfonso de Portugal, que murió poco después en un accidente de caza. Se casó entonces con su tío, Manuel I de Portugal, en 1497, y murió de parto un año después.

Juan: Nació el 20 de junio de 1478; se casó con Margarita de Austria en 1497 y murió aquel mismo año de una grave fiebre.

Juana: Conocida como «Juana la Loca»; en 1496, se casó con Felipe I, llamado «el Hermoso», primogénito del emperador de los Habsburgo, Maximiliano I. Juntos gobernaron Castilla tras la muerte de su madre en 1504. Tuvieron seis hijos. Su hijo Carlos fue rey de España como Carlos I y emperador del Sacro Imperio Romano Germánico como Carlos V. Su hijo Fernando fue rey de Bohemia y Hungría.

María: Nació el 28 de junio de 1482; su hermana gemela murió al nacer. Se casó con Manuel I de Portugal, el viudo de su hermana Isabel, y se convirtió en reina de este país. Juan, el mayor de sus ocho hijos, fue rey de Portugal.

Catalina: Conocida como Catalina de Aragón. En 1501, se casó con Arturo, príncipe de Gales, que murió meses más tarde. En 1509, se convirtió en la primera esposa del hermano menor de Arturo, Enrique VIII, rey de Inglaterra. Tuvieron una hija, María Tudor.

Otros miembros de la familia real

Isabel de Portugal: En 1447, se casó con el rey Juan II de Castilla. Tuvo dos hijos: Isabel y Alfonso. Tras la muerte de su esposo, fue enloqueciendo poco a poco. Murió el 22 de septiembre de 1496, en su hogar de Arévalo.

Fernando: Nació el 10 de marzo de 1452; fue el segundo hijo del rey Juan II de Aragón y el primero que tuvo dicho rey con su segunda esposa, Juana Enríquez. Su padre lo designó heredero en detrimento de su hermanastro, el príncipe Carlos de Viana. Se casó con su prima Isabel de Castilla el 19 de octubre de 1469. Murió doce años después que Isabel, en 1516.

Juana de Portugal: Hermana del rey Alfonso V; se casó con Enrique IV de Castilla en mayo de 1453. En 1462, dio a luz una hija, también llamada Juana. Con el tiempo, se separó de su esposo Enrique y se fue a vivir al convento de San Francisco, en Segovia, donde murió en 1475.

Juana la Beltraneja: Nació el 18 de febrero de 1462; muchos creían que en realidad era hija de Beltrán de la Cueva, el valido del rey Enrique IV. Pasó varios años en la corte portuguesa tratando de ganar su reivindicación de auténtica heredera del reino de Castilla y León por encima de su tía Isabel. Ésta hizo que la encerraran en el convento de Santa Clara, en Coimbra, donde murió en 1530.

Grabado de una joven Isabel.

Retrato de una Isabel madura. Reproducción de un cuadro pintado en 1500 por Juan de Flandes, con una representación del famoso collar de rubíes y perlas, regalo de Fernando a Isabel.

Retrato del rey Fernando II de Aragón pintado por Bequer,
de la Galería de San Telmo, Sevilla.

Grabado del rey Enrique IV, de la Biblioteca Nacional, París, Francia. A los pies de Enrique está el escudo real de Castilla y León.

Grabado del hermano de Isabel, Alfonso, a partir de la efigie de su tumba.

Mapa de los reinos de la península ibérica, 1266-1492.
La zona más oscura corresponde a los territorios
de la corona de Aragón, y la zona de sombra más clara,
a los del reino de Castilla y León.

Fotografía del alcázar de Segovia. Construido en el siglo XI, se
yergue entre los ríos Eresma y Clamores, que se unen en el valle,
a los pies del castillo.

Tabla medieval que representa a judíos expulsados de Castilla durante la Inquisición, que se van con sus pertenencias metidas en sacos.

Grabado del cuadro de Edwin Long que representa un bautismo obligatorio de moros tras la conquista de Granada.

*Litografía de 1893 que representa a Cristóbal Colón
despidiéndose de la reina Isabel en su partida hacia
el Nuevo Mundo, el viernes 3 de agosto de 1492.*

*Fotografía realizada por J. Laurent de las tumbas de los Reyes
Católicos en la capilla real de la catedral de Granada.*

Nota sobre la autora

Carolyn Meyer detestaba la historia cuando era una joven estudiante. «Daba la impresión de que todo eran fechas y batallas, generales y tratados, y a mí me interesaba más la gente, lo que era, lo que vestía y lo que hacía durante el día.»

Posteriormente, cuando empezó a escribir, su curiosidad la llevó a investigar las cosas que más le gustaban: las personas de otras épocas y otros lugares, y cómo vivían.

Hace varios años, Carolyn Meyer y su esposo, historiador («a él sí le gustan las batallas, los generales y los tratados»), fueron de viaje a España y visitaron las ciudades donde vivió Isabel.

«Segovia es una hermosa ciudad. Puedo imaginarme a Isabel en aquel magnífico alcázar, y puedo imaginármela intentando dibujar el antiguo acueducto.»

Como autora de más de cuarenta libros para lectores jóvenes, escribe los libros de historia que le gustan. Sus obras *Where the Broken Heart Still Beats*, *White Lilacs* y *Gideon's People* recibieron la

distinción de Mejores Libros ALA para Jóvenes
Adultos.

Originaria de Pennsylvania, Carolyn Meyer re-
side actualmente en Nuevo México, donde viven
muchos descendientes de la España de Isabel, incluso algunos cuyos antepasados se remontan a los
judíos expulsados durante los terribles días de la
Inquisición.

Índice de personajes
(* personajes ficticios)

FAMILIA DE ISABEL:
Enrique IV: hermanastro de Isabel; «el León»
Alfonso: hermano menor de Isabel
Reina Juana: esposa de Enrique
Juana la Beltraneja: hija de Enrique y la reina Juana

AMIGOS Y CONSEJEROS DE ISABEL:
Beatriz de Bobadilla: amiga y confidente de Isabel
Andrés de Cabrera: prometido de Beatriz; después, su esposo
*Rodrigo: hijo de Beatriz
*Ana: doncella de Isabel
*Damas de honor: Blanca, María, Jimena, Mencía, Elvira y Alicia
*Catalina Valera: amiga de Isabel; dama de honor
Arzobispo Carrillo: consejero de Isabel; «el Toro»
Tomás de Torquemada: sacerdote y confesor de Isabel
Clara: aya de Isabel
Gonzalo Chacón: esposo de Clara

Gutiérrez de Cárdenas: sobrino de Gonzalo y Clara
*Leonor: esposa de Cárdenas
*Padre Guzmán: confesor de Isabel después de Torquemada
Pierres de Peralta: embajador de Aragón
María de Acuña: sobrina de Carrillo
Juan de Vivero: esposo de María de Acuña

PRETENDIENTES DE ISABEL:
Alfonso V de Portugal: hermano de la reina Juana; «el Escorpión»
Pedro Girón: amigo de Enrique, hermano de Juan Pacheco
Príncipe Fernando de Aragón
Ricardo, duque de Gloucester
Carlos, duque de Berry

PARTIDARIOS DE ENRIQUE:
Beltrán de la Cueva: amigo y consejero de Enrique
Juan Pacheco: intrigante sobrino de Carrillo; «el Zorro»
Arzobispo Fonseca: partidario de Enrique y la reina Juana

OTROS PERSONAJES:
Juan II de Aragón: padre de Fernando
*Doctor Abravanel: médico de Isabel
*Pedro Pimentel: amigo de Alfonso muerto en una justa

Índice de fotografías

Página 178 (arriba): Partida de Cristóbal Colón. Biblioteca del Congreso, Washington D.C.
Página 178 (abajo): Tumba de los reyes católicos. Biblioteca del Congreso, Washington D.C.